上海市工程建设规范

道路隧道大修技术标准

Technical standard of road tunnel overhaul

DG/TJ 08—2366—2021
J 16079—2021

主编单位：上海市隧道工程轨道交通设计研究院
上海市道路运输事业发展中心
批准部门：上海市住房和城乡建设管理委员会
施行日期：2022 年 2 月 1 日

同济大学出版社

2022 上海

图书在版编目(CIP)数据

道路隧道大修技术标准 / 上海市隧道工程轨道交通设计研究院，上海市道路运输事业发展中心主编. —上海：同济大学出版社，2022.1

ISBN 978-7-5765-0073-8

Ⅰ. ①道… Ⅱ. ①上… ②上… Ⅲ. ①公路隧道–大修–技术标准–上海 Ⅳ. ①U459.2-65

中国版本图书馆 CIP 数据核字(2022)第 006061 号

道路隧道大修技术标准

上海市隧道工程轨道交通设计研究院
上海市道路运输事业发展中心 **主编**

策划编辑 张平官
责任编辑 朱 勇
责任校对 徐春莲
封面设计 陈益平

出版发行 同济大学出版社 www.tongjipress.com.cn
(地址:上海市四平路 1239 号 邮编：200092 电话:021－65985622)
经 销 全国各地新华书店
印 刷 浦江求真印务有限公司
开 本 889mm×1194mm 1/32
印 张 4.125
字 数 111 000
版 次 2022 年 1 月第 1 版 2022 年 1 月第 1 次印刷
书 号 ISBN 978-7-5765-0073-8
定 价 40.00 元

上海市住房和城乡建设管理委员会文件

沪建标定〔2021〕576号

上海市住房和城乡建设管理委员会
关于批准《道路隧道大修技术标准》
为上海市工程建设规范的通知

各有关单位：

由上海市隧道工程轨道交通设计研究院和上海市道路运输事业发展中心主编的《道路隧道大修技术标准》，经我委审核，现批准为上海市工程建设规范，统一编号为 DG/TJ 08—2366—2021，自 2022 年 2 月 1 日起实施。

本规范由上海市住房和城乡建设管理委员会负责管理，上海市隧道工程轨道交通设计研究院负责解释。

特此通知。

上海市住房和城乡建设管理委员会

二〇二一年十一月二日

前　言

本标准根据上海市住房和城乡建设管理委员会《关于印发〈2017 年上海市工程建设规范编制计划〉的通知》（沪建标定〔2016〕1076 号）的要求，由上海市隧道工程轨道交通设计研究院、上海市道路运输事业发展中心会同相关单位共同编制完成。

在编制过程中，标准编制组经广泛的调查研究，认真总结了"上海市打浦路隧道改建工程""上海市延安东路隧道大修工程""外环隧道专项整治工程"中设计、施工和管理经验，并参考有关国际标准，在广泛征求意见的基础上制定本标准。

本标准以隧道结构、道路路面、设备的功能性大修为主要内容。共分 11 章和 10 个附录，主要内容有：总则；术语和符号；基本规定；大修判别标准；大修工作流程、设计文件编制；结构大修设计和施工；渗漏水治理；道路面层大修设计和施工；机电设施大修设计和施工；大修施工技术管理；隧道大修后评估。

各单位及相关人员在执行本标准过程中，如有意见和建议，请反馈至上海市交通委员会（地址：上海市世博村路 300 号 1 号楼；邮编：200125；E-mail：shjtbiaozhun@126.com），上海市隧道工程轨道交通设计研究院（地址：上海市中山西路 1999 号；邮编：200235；E-mail：office@stedi.cn），上海市建筑建材业市场管理总站（地址：上海市小木桥路 683 号；邮编：200032；E-mail：shgcbz@163.com），以供今后修订时参考。

主 编 单 位：上海市隧道工程轨道交通设计研究院
上海市道路运输事业发展中心

参 编 单 位：同济大学
上海市公路桥梁（集团）有限公司

上海隧道工程有限公司
上海市浦江桥隧运营管理有限公司

主要起草人： 曹文宏　陈　鸿　杨志豪　彭子晖　贺春宁
乔宗昭　王　晨
丁利红　王小峰　王吉云　王璐琪　包涌金
冯　爽　叶　蓉　齐功远　刘兆吉　孙建军
朱祖熹　张列学　沈张勇　陆　明　何铁峰
沈婕青　沈　蓉　邵　臻　苑香刚　郑晋丽
周　彪　周　湧　孟　静　陶　利　蒋卫艇
谢雄耀　管攀峰　薛子欣

主要审查人： 钱寅泉　袁　勇　宋　飞　黄少文　周质炎
陈　洪　黄丽君

上海市建筑建材业市场管理总站

目　次

Contents

1 总 则

1.0.1 为加强道路隧道大修管理工作，规范隧道大修设计、施工技术，提高隧道大修的精细化水平，满足隧道运营安全的要求，特制定本标准。

1.0.2 本标准适用于本市盾构法、沉管法、明挖法道路隧道的结构、道路面层、机电设施等大修工程。

1.0.3 大修设计应充分、合理地利用隧道结构和机电设施的既有条件，在确保隧道安全的前提下，提高结构、机电设施服役性能。

1.0.4 道路隧道大修除应符合本标准外，尚应符合国家、行业和本市现行有关标准的规定。

2 术语和符号

2.1 术 语

2.1.1 运营隧道 tunnel in operation

建成并投入正常使用的隧道。

2.1.2 设计使用年限 design service life

工程设计文件规定的目标使用年限。

2.1.3 使用条件 operational conditions

隧道及其结构在运营期间所受到的荷载作用和环境作用。

2.1.4 服役状态 service state

运营隧道结构、设备符合预定设计性能的水平，可用性能指标来表征。

2.1.5 隧道结构大修 overhaul of tunnel structure

在隧道主体结构不变的情况下，对服役性能处于"危险"等级的结构按原设计要求进行的修复。

2.1.6 隧道道路面层大修 overhaul of tunnel road pavement

对服役性能处于"危险"等级的道路面层，按原设计要求进行的修复。

2.1.7 隧道机电设施大修 overhaul of tunnel M&E facilities

对服役性能处于"危险"等级的设备及系统大部分进行更换或修复，满足各设备、系统的既定功能和精度。

2.1.8 工程项修 engineering item repair

根据工程或设备的基本情况，对状态"恶化"已难以达到原设计要求的部件或设施进行针对性维修，从而恢复所修部分的性能与精度。

2.2 符　号

2.2.1 服役性能等级

1 结构服役性能等级

J_E——盾构法、沉管法、明挖法隧道结构整体服役状态“恶化”等级；

J_W——盾构法、沉管法、明挖法隧道结构整体服役状态“危险”等级。

2 道路面层服役性能等级

R_E——面层结构整体服役状态“恶化”等级；

R_W——面层结构整体服役状态“危险”等级。

3 机电设施服役性能等级

S_E——隧道机电设施整体服役状态“恶化”等级；

S_W——隧道机电设施整体服役状态“危险”等级。

2.2.2 几何参数

L_0——构件的计算长度；

F——混凝土剥落区面积；

S——混凝土剥落区最大深度；

W——裂缝宽度。

2.2.3 评定指标

k——盾构法隧道结构区段纵断面相对变形量；

$[k]$——盾构法隧道结构区段纵断面相对变形允许值；

$[\alpha]$——构件及连接安全性控制指标；

Δ——结构间错台量；

$[\Delta]$——错台量允许值；

δ——接缝张开或压缩量；

$[\delta]$——接缝张开或压缩量允许值；

μ——隧道结构区段横断面变形量；

$[\mu]$——隧道结构区段横断面变形允许值。

3 基本规定

3.1 大修原则

3.1.1 运营隧道应在隧道病害调查、总体服役性能初步检测评估的基础上，参照大修判别标准，判定隧道大修的必要性，进行隧道大修工程的立项申请。总体服役性能初步检测评估内容应包括隧道结构、道路面层和机电设施。

3.1.2 在取得立项申请即将开展大修前，深入开展隧道大修前服役性能检测、评估专项工作，形成针对性强、经济合理、技术可行的隧道大修设计与施工组织。

3.1.3 在满足隧道原有设计技术标准和使用功能的前提下，根据大修技术标准，通过对隧道结构及连接构造、道路面层等进行必要的修复、加固，达到其在原设计使用年限内的安全使用及耐久性标准。

3.1.4 隧道机电设施大修应合理采用新技术，大修技术标准宜满足现行设计规范的要求，条件受限时，不应低于原设计标准。

3.2 大修前应具备的基础资料

3.2.1 隧道大修应具备以下基础资料：

1 隧道设计图纸、设计标准及工程竣工资料。

2 隧道管养单位的日常检查、定期检查、检测资料及年度评估报告。

3 隧道在建设和运营中的工程质量问题、事故及处理资料。

4 《隧道大修前服役性能检测、评估专项报告》。

3.2.2 《隧道大修前服役性能检测、评估专项报告》应由专业单位进行检测、评估并通过评审。

3.3 大修主要内容

3.3.1 隧道结构大修应包括下列主要内容：

1 结构及连接构造的服役性能恢复。

2 隧道结构裂缝、接头的渗漏水治理。

3 隧道变形超标区段的地基处理。

3.3.2 隧道道路面层大修应包括面层裂缝、变形、松散类等病害治理。

3.3.3 机电设施大修应包括满足功能效果要求的设备及系统的调整与更新。

4 大修判别标准

4.1 一般规定

4.1.1 隧道大修应以隧道服役性能评定为基本依据。隧道整体服役性能评定等级应按表4.1.1分为Ⅰ、Ⅱ、Ⅲ、Ⅳ、Ⅴ五级。隧道大修主要针对服役状态中危险(Ⅴ级)等级进行。

表4.1.1 隧道整体服役性能评定等级

等级	服役状态	状态描述			修缮对策
		结构	道路面层	机电设施	
Ⅰ	正常	性能完好,无异常情况	性能完好	机电设施故障率低,运行正常	正常养护
Ⅱ	退化	性能退化,但不影响正常功能	性能退化,但不影响正常运行	机电设施故障率较低,运行基本正常	加强监测与检查、实施保养、维修
Ⅲ	劣化	性能劣化,功能受损,对正常运行有一定影响	性能劣化、功能受损,对通行舒适性有一定影响	机电设施能运行,效能降低,对通行舒适性有一定影响	对结构实施必要的保养维修,对机电设施针对性更换、改造
Ⅳ	恶化	性能恶化,功能受损,影响正常使用	性能恶化、功能受损,存在一定安全隐患	性能恶化,效能不达标,对安全运行有一定影响	交通管制情况下进行项修、专项整治或准备大修

续表4.1.1

等级	服役状态	状态描述			修缮对策
		结构	道路面层	机电设施	
Ⅴ	危险	性能严重恶化，危及结构安全和运行安全	性能严重恶化，功能受损，影响行车安全	性能严重恶化，故障率高，影响运行安全	关闭隧道交通进行大修

4.1.2 隧道大修可根据具体情况分为以下三类：

1 以土建(含结构和道路面层)大修为主，兼带机电设施项修。

2 以机电设施大修为主，兼带土建(含结构和道路面层)项修。

3 土建(含结构和道路面层)、机电设施同时大修。

4.2 结构大修判别标准

4.2.1 结构大修应在隧道日常检查、定期检测资料及隧道结构、渗漏水初步检测的基础上，按照表 4.2.2 和表 4.2.3 标准，对隧道结构服役状态做出判断。在取得大修立项申请后，应深入开展隧道大修前结构服役性能检测、评估专项工作，对结构服役性能进行详细评估。结构的检测、评估应符合下列要求：

1 结构检测、评估应分区段有序进行，区段划分应顾及隧道关键部位、病害集中及事故多发地段、变形缝位置等，区段划分长度可视具体情况，宜取为 20 m～60 m。

2 隧道结构服役性能检测分为使用条件检测和结构安全检测。隧道结构服役性能检测主要内容宜按本标准附录 A 要求进行。

3 结构检测时间宜安排在大修前的冬季进行。

4 隧道结构服役性能评估标准主要针对服役状态中恶化和危险两个等级进行。

4.2.2 盾构法隧道结构大修判别标准宜按表 4.2.2 确定。

表 4.2.2　盾构法隧道结构大修判别标准

隧道结构整体服役状态分级	服役状态	结构构件及连接的服役状态定义	不良服役状态定义[1]	整体服役状态[2] 不良服役区段长度所占比例		大修决策	备注
J_E	恶化	性能恶化,功能受损,影响正常使用	结构区段整体变形较大,结构开裂,多处结构连接明显渗漏,存在安全隐患	盾构段[3]	≥10%	安排项修或准备大修	不含J_W级
				明挖段[3]	≥20%		
J_W	危险	性能严重恶化,危及结构安全和运营安全	有结构性裂缝,结构区段中构件安全性不足,结构区段变形过大,结构连接出现线流、漏泥砂	盾构段	≥2%	抢险后立即大修	大修期间封闭隧道交通
				明挖段	≥5%		

注:1. 由于隧道主体结构受内装饰层包裹,在未中断交通之前,不具备内装饰全部拆除核查的条件,为便于大修决策,应对隧道结构服役状态是否达到恶化或危险等级进行初步判断。初步判断基于日常检查、定期检测数据及隧道主体结构、渗漏水初步检测结果。结构区段服役状态初步检测项有结构区段连接处渗漏水、区段横断面相对变形、区段纵断面相对变形,判别指标见本标准表 4.2.7。

2. 整体服役状态是根据相应等级不良服役区段长度之和与该结构段总长度之比来判别。

3. 表中盾构段含连接通道在内,明挖段包括工作井结构。

4.2.3　沉管法隧道结构大修判别标准宜按表 4.2.3 确定。

表 4.2.3　沉管法隧道结构大修判别标准

隧道结构整体服役状态分级	服役状态	结构构件及连接的服役状态定义	不良服役状态定义[1]	整体服役状态[2] 不良服役区段长度所占比例		整体服役状态[2] 管节接头	大修决策	备注
J_E	恶化	性能恶化,功能受损,影响正常使用	结构区段整体变形较大或多处明显渗漏,结构开裂,存在安全隐患	沉管段[3]	≥15%	一旦出现J_E级接头	安排项修或准备大修	不含J_W级
				明挖段[3]	≥20%	/		

续表4.2.3

隧道结构整体服役状态分级	服役状态	结构构件及连接的服役状态定义	不良服役状态定义[1]	整体服役状态[2]			大修决策	备注
				不良服役区段长度所占比例		管节接头		
J_W	危险	性能严重恶化，危及结构安全和运营安全	结构区段中构件安全性不足，有结构性裂缝，结构区段变形过大或结构出现线流、漏泥砂	沉管段	≥4%	一旦出现J_W级接头	抢险后立即大修	大修期间封闭隧道交通
				明挖段	≥5%	/		

注：1. 由于隧道主体结构受内装饰层包裹，在未中断交通之前，不具备内装饰全部拆除核查的条件，为便于大修决策，应对隧道结构服役状态是否达到恶化或危险等级进行初步判断。初步判断基于日常检查、定期检测数据及隧道主体结构、渗漏水初步检测结果。结构区段服役状态初步检测项有结构区段连接处渗漏水、区段横断面相对变形，判别指标见本标准表4.2.7。

2. 整体服役状态是由不良服役区段所占比例（不良服役区段长度之和与该结构段总长度之比）和管节接头中任意一项来判别。

3. 沉管法隧道结构包含沉管段、明挖段。

4.2.4 明挖法隧道结构大修初步判别宜按表4.2.2中明挖段的要求确定。

4.2.5 结构不良服役区段的判别应符合下列要求：

1 除沉管隧道外，结构不良服役区段的等级应根据构件及连接服役状态等级、结构区段相对变形和防水性能等级的子项指标评定。

2 结构区段内有相应等级不良服役状态（J_E—恶化，J_W—危险）的结构累计长度占该区段总长不小于40%。

3 在隧道同一里程处出现的不良服役状态，可以是一项，也可以是多项不符合相应等级评定标准的子项同时存在。

4 盾构段隧道结构不良服役区段的判别，可按单管隧道进行；沉管段和明挖段隧道必须按整个结构横断面统一进行，若为多孔时，不良服役区段长度可按同一区段内各孔中不良服役状态最大长度进行判别。

4.2.6 盾构法、沉管法、明挖法隧道结构构件及连接的服役状态评定应符合下列要求：

1　结构构件服役状态判别指标及标准应符合表 4.2.6-1 的规定。

表 4.2.6-1　结构构件服役状态判别指标及标准

<table>
<tr><th colspan="3" rowspan="2">服役状态</th><th colspan="2">盾构法隧道</th><th rowspan="2">沉管法隧道</th><th rowspan="2">明挖法隧道</th></tr>
<tr><th>完整状态[1]</th><th>密闭状态</th></tr>
<tr><td rowspan="5">J_E
恶化</td><td rowspan="5">环境等级[3]</td><td>A</td><td rowspan="3">混凝土剥落深度 $S\geqslant$ 10 mm、面积$F\geqslant$700 cm²</td><td rowspan="3">滴漏</td><td colspan="2" rowspan="3">同盾构法隧道</td></tr>
<tr><td>B</td></tr>
<tr><td>C</td></tr>
<tr><td>D</td><td rowspan="2">剥落深度 $S\geqslant$10 mm、面积 $F\geqslant$300 cm²
裂缝宽度[2]$W\geqslant$0.2 mm</td><td>水珠</td><td colspan="2" rowspan="2">同盾构法隧道</td></tr>
<tr><td>E</td><td>渗水</td></tr>
<tr><td colspan="3">J_W
危险</td><td>1）$S>$钢筋保护层、钢筋裸露；
2）混凝土剥落面积 $F>$该构件表面积的 1/4；
3）结构性裂缝宽度 $W\geqslant$ 0.3 mm；
4）结构构件极限承载能力状态的安全性控制指标[4][α]$\leqslant$0.85；
5）钢构件的焊缝、螺栓或连接有拉脱、松动、剪坏等严重损坏</td><td>环境等级 A、B、C 等级下线漏，环境等级 D 级下出现滴漏，E 级下出现水珠</td><td>1）～4）同盾构法隧道；
5）剪切键严重破损、错位</td><td>1)～4) 同盾构法隧道</td></tr>
</table>

注：1. 表中完整状态以结构保护层剥落、裂缝宽度为判定依据，渗漏水等级划分按照现行国家标准《地下工程防水技术规范》GB 50108 并考虑了不同环境等级中渗漏水对隧道构件性能的影响。

2. 最大裂缝宽度限值主要按照现行上海市工程建设规范《道路隧道设计标准》DG/TJ 08—2033、现行国家标准《混凝土结构设计规范》GB 50010 的规定执行。

3. 环境等级标准按照现行国家标准《混凝土结构耐久性设计标准》GB/T 50476 的规定执行。

4. 安全性控制指标[α]按本标准附录 B 进行计算。

2　结构连接服役状态等级判别指标及标准应符合表4.2.6-2 的规定。

4.2.7　结构区段服役状态等级评定指标及判定标准应符合下列要求：

1　结构区段服役状态等级应根据构件及连接服役状态等级、结构区段相对变形和防水性能等级等子项指标评定。

表 4.2.6-2　结构连接服役状态等级判别指标及标准

服役状态	结构连接服役状态等级判别指标及标准		
	盾构法隧道	沉管法隧道	明挖法隧道
J_E 恶化	1）结构连接处出现线漏； 2）接缝张开量 $\delta \geqslant 2[\delta]^2$； 3）错台量 $\Delta \geqslant 2[\Delta]^2$	1）管节接头出现线漏； 2）管节接头压缩量：$\delta_{max} \geqslant 0.95[\delta_{max}]$、$\delta_{min} \leqslant 1.0[\delta_{min}]$； 3）管节间错台量 $\Delta_h \geqslant 1.1[\Delta_h]$、$\Delta_B \geqslant 1.1[\Delta_B]$； 4）管节接头止水带内有渗水，水头压力 $p>0$； 5）Ω 橡胶止水带出现破损、扭曲变形	1）变形缝处出现线漏； 2）变形缝处接头张开 $\delta \geqslant 2[\delta]$； 3）相邻段错台量 $\Delta \geqslant 1.2[\Delta]$
J_W 危险	1）连接件承载能力安全性控制指标 $[\alpha]^1 \leqslant 0.85$； 2）结构缝出现漏泥砂； 3）衬砌间连接螺栓有拉脱、剪断或严重损坏； 4）混凝土构件端节点连接松动，且有明显的变形裂缝； 5）预埋件锚板有明显变形，或锚板、锚筋与混凝土之间有滑移、脱开现象； 6）钢构件连接有严重缺陷或损坏	1）管节接头漏水夹带泥砂； 2）纵向限位装置锚固、连接松动、破损，承载能力 $[\alpha] \leqslant 0.85$； 3）管节接头压缩量：$\delta_{max} \geqslant 1.0[\delta_{max}]$、$\delta_{min} \leqslant 0.95[\delta_{min}]$； 4）管节间错台量 $\Delta_h \geqslant 1.2[\Delta_h]$、$\Delta_B \geqslant 1.2[\Delta_B]$； 5）管节接头止水带内渗水，水头压力 $P \geqslant H$，H 为相当于管节高度的水头压力； 6）Ω 橡胶止水带有严重破损或固定压板损坏、脱落	1）变形缝处漏水夹带泥砂； 2）剪力杆承载能力 $[\alpha] \leqslant 0.75$； 3）混凝土榫槽被剪坏

注：1. 盾构法隧道、沉管法隧道、明挖隧道中构件、连接件极限承载力能力状态的安全性控制指标[α]的计算，按本标准附录 B 进行。

2. [δ]和[Δ]分别为盾构法、沉管法、明挖法隧道的衬砌、管节、变形缝间连接处允许张开量(压缩量)、允许错台量评定标准，可参照本标准附录 C 执行。

2 结构区段服役状态等级判别指标及标准见表 4.2.7。

表 4.2.7 结构区段服役状态等级判别指标及标准

服役状态	结构区段服役状态等级判别标准		
	盾构法隧道	沉管法隧道	明挖法隧道
J_E 恶化	1) 结构区段横断面相对变形 $2[\mu]<\mu<4[\mu]$[1]； 2) 结构区段纵断面相对变形 $2[k]<k\leqslant 4[k]$[1]； 3) 区段防水等级[2]降至四级； 4) 不含"J_W"级构件及连接	1) 结构区段横断面相对变形 $1.5[\mu]<\mu<2[\mu]$； 2) 区段防水等级降至四级； 3) 不含"J_W"级构件及连接； 4)出现结构开裂	1) 结构区段横断面相对变形 $2[\mu]<\mu<3[\mu]$； 2) 区段防水等级降至四级； 3) 不含"J_W"级构件及连接； 4) 出现结构开裂
J_W 危险	1) 结构区段横断面相对变形 $\mu\geqslant 4[\mu]$； 2) 结构区段纵断面相对变形 $k>4[k]$； 3) 结构含有服役状态为"J_W"级的构件及连接； 4) 区段防水等级低于四级； 5) 出现结构性裂缝	1) 结构区段横断面相对变形 $\mu\geqslant 2[\mu]$； 2) 结构含有服役状态为"J_W"级的构件； 3) 区段防水等级低于四级； 4) 出现结构性裂缝	1) 结构区段横断面相对变形 $\mu\geqslant 3[\mu]$； 2) 结构含有服役状态为"J_W"级的构件及连接； 3) 区段防水等级低于四级； 4) 出现结构性裂缝

注：1. 不同工法结构区段相对变形指标$[\mu]$、$[k]$计算和选取可按本标准附录 D 进行。
2. 结构区段防水性能等级判定应按照现行国家标准《地下防水工程质量验收规范》GB 50208 执行。

4.3 道路面层大修判别标准

4.3.1 隧道中沥青道路面层大修应在隧道经常性巡视检查、运维资料的基础上，根据《隧道大修前服役性能检测、评估专项报告》中道路面层评估结论，对照表 4.3.2 以及表 4.3.4 作出判断。道路面层检测、评估应符合下列要求：

1 道路面层检测应分区段有序进行，区段划分应考虑结构分段、病害严重和多发地段等因素，区段划分长度一般可取为

200 m 左右。

2 道路面层结构服役性能检测主要内容包括路面状况、路面平整度、路面抗滑三项。检测方法应满足以下要求：

1) 路面状况检测应以自动化快速检测和人工调查相结合的方式进行；

2) 路面平整度宜以车载式激光平整仪或 3 m 直尺测定路面国际平整度并计算国际平整度指数 IRI；

3) 路面抗滑性能宜用摆式仪来测定路面抗滑值 BPN 或用横向力系数测试车测定 SFC。

3 道路沥青面层服役性能应按图 4.3.1 沥青路面技术状况评价体系进行评估，指标指数见表 4.3.4。

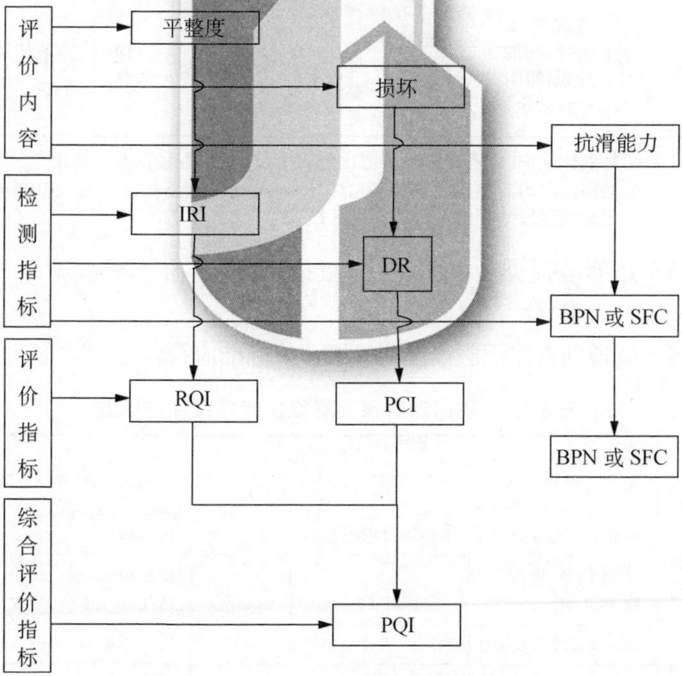

图 4.3.1 沥青路面技术状况评价体系

4.3.2 道路面层服役性能评估，主要针对服役状态中“恶化”和“危险”两个等级。隧道内道路面层大修判别标准宜按表 4.3.2 确定。

表 4.3.2 隧道内道路面层大修判别标准

隧道道路面层整体服役状态等级	服役状态	道路面层的服役状态定义	不良区段服役状态定义	判别标准[1]		修缮决策	备注
				不良服役区段[2]长度所占比例	综合评价指标 PQI		
R_E	恶化	性能恶化、功能受损，存在一定安全隐患	多处路面破损（车辙、坑塘、拥包）变形较大，裂缝较多，路面平整度、抗滑性能较差	≥10%	$60 \leqslant PQI < 70$	安排项修或准备大修	1）不含 R_W；2）可针对性安排在夜间或节假日集中整治
R_W	危险	性能严重恶化、功能受损，影响行车安全	路面破损较严重，破损率大，变形大，裂缝多，路面平整度、抗滑性能差	≥15%	$PQI < 60$	立即大修	宜结合结构大修一起进行

注：1. 判别标准中，以不良区段所占比例为主，PQI 仅起辅助参考作用。
2. 道路区段内有不良服役状态（R_E/R_W）出现的道路长度占比≥40%的，即定义该区段为相应等级的不良区段。

4.3.3 路面破损类型、定义及分级指标，应符合本标准附录 E 的要求。

4.3.4 隧道沥青路面服役性能等级评价标准应符合表 4.3.4 的要求。

表 4.3.4 隧道沥青路面服役性能等级评价标准

项目	指数	评价标准		备注
		R_E	R_W	
路面状况	路面破损率 DR[1]	$5.4\% < DR \leqslant 10.8$	$> 10.8\%$	检测指标
	路面损坏状况指数 PCI[1]	$60 \leqslant PCI < 65$	< 60	计算指标 $PCI = 100 - 15DR^{0.412}$
路面平整度	国际平整度指数 IRI	$7.3 < IRI \leqslant 11$	> 11	检测指标
	行驶质量指数 RQI	$2.0 \leqslant RQI < 2.5$	< 2.0	计算指标 $RQI = 4.98 - 0.34 \times IRI$

续表4.3.4

项目	指数	评价标准		备注
		R_E	R_W	
路面抗滑	摆值 *BPN*	27≤*BPN*<32	<27	检测指标
	横向力系数 *SFC*	0.32≤*SFC*<0.34	<0.32	检测指标
综合	综合评价指数 *PQI*	60≤*PQI*<65	<60	计算指标 *PQI*＝20×0.6*RQI*＋0.4×*PCI*

注：1. 路面状况中路面破损率 *DR* 和路面破损状况指数 *PCI* 的计算可按现行上海市地方标准《公路路面养护技术规范》DB 31/T 489 中相关内容进行（程度取"重"）。

4.4 机电设施大修判别标准

4.4.1 隧道机电设施及系统包括通风、照明、弱电、给排水、供电、防灾。机电设施大修应根据《隧道大修前服役性能检测、评估专项报告》中机电设施服役状态，再按照表 4.4.1 机电设施大修判别标准作出判断。

表 4.4.1 机电设施大修判别标准

隧道机电设施总体服役状态分级	服役状态	分项机电设施服役状态定义	不良设施服役状态定义	总体服役状态		大修决策	备注
				机电设施技术状况总评分 *JDJS*	分项设备故障率控制		
S_E	恶化	性能恶化，效能不达标，对安全运行有一定影响	各设备系统中有故障率较大，效能不达标，设备难以更换或维修	85%≤*JDJS*<90%	η_i 值在 η_E 范围内	安排项修或准备大修	
S_W	危险	性能严重恶化，故障率高，影响运营安全	各设备系统的故障率大、效能严重不达标，设备无法更换或需调整设备系统	*JDJS*<85%	$\eta_i \geqslant \eta_{W_i}$	立即大修	宜结合隧道结构大修一起进行，大修期间隧道暂停运行

注：机电设施总体服役状态判别以各分项故障率控制指标为主，如 *JDJS* 处于 S_E 级，但隧道中某些分项指标达 S_W 级，决策时宜作相应升级处理。

4.4.2 分项设备故障率应根据《隧道大修前服役性能检测、评估专项报告》中提供的机电设施各分项主要检测内容及各分项故障的考核及统计数据计算。主要检测内容及故障率的统计应根据本标准附录 F、附录 G 进行。

4.4.3 故障率的控制标准宜按本标准附录 H 的规定取用。

4.4.4 机电设施总评分 JDJS 按公式(4.4.4)计算。

$$JDJS = 1 - \frac{\sum_{i=1}^{n} \eta_i W_i}{\sum_{i=1}^{n} W_i} \tag{4.4.4}$$

式中：η_i——各分项的故障率统计值；

W_i——各分项权重(见本标准附录 H 中表 H-2)。

5 大修工作流程、设计文件编制

5.1 大修工作流程

5.1.1 隧道大修工作分准备阶段、大修设计、核查协调、施工和验收、后评估五个阶段。大修工作流程见本标准附录J。

5.1.2 隧道大修设计阶段中，必要时增加扩大初步设计。在隧道封交施工开始、拆除隧道内部建筑装修后，应立即对结构本体进行核查，经协调后迅速完成施工图设计。

5.2 设计文件编制

5.2.1 大修设计文件编制深度可按照住房城乡建设部发布的《市政公用工程设计文件编制深度规定》中“隧道工程”相应条款执行。

5.2.2 工程可行性文件编制应包含如下主要内容：

1 概述及说明：大修工程项目背景、编制依据、研究范围及内容、大修的必要性、实施可行性，项目批复意见及执行情况。

2 大修方案比选及研究结论：对不同方案的大修规模、技术标准、环境影响、交通疏解、工期、工程风险、投资估算、存在问题等进行综合分析比选，根据研究结论，提出推荐意见。

3 投资估算。

4 设计方案图纸。

5 附件（主要的设计依据性文件、项目委托书、批复文件）。

5.2.3 初步设计文件编制应包含如下主要内容：

1 设计说明书，包含大修设计依据、原则、标准；隧道服役性能概况;工程条件;大修工程设计方案;施工整体筹划;量测、监控要求;环保、节能、新技术应用;交通疏解方案;工程安全、工程技术风险分析与控制等。

2 工程概算。

3 主要工程量、材料及更新设备表。

4 初步设计图纸。

5.2.4 施工图设计文件应根据初步设计的批复意见、扩初设计及施工前期拆除隧道内建筑装修后的结构本体、机电设施核查结果,在机电设备招标后作快速、必要的调整、优化后形成。

5.2.5 施工图设计文件编制应包含如下主要内容:

1 设计说明,内含设计依据;初设审查意见执行情况;结构检测及本体核查、机电设施检测结果;设计技术标准、扩初设计方案调整;工程实施方案;测量、监测要求;环保、节能、新技术应用;施工质量及验收标准。

2 施工图预算。

3 主要工程量和材料及更新设备表。

4 施工图设计图纸。

6 结构大修设计和施工

6.1 一般规定

6.1.1 结构大修设计应在原结构、建筑限界不变的情况下进行。大修的设计标准不应低于原隧道相应的设计标准，满足大修后隧道设备布置、正常运营和防灾的要求。

6.1.2 大修中应妥善处理大修范围和非大修范围结构性能的协调过渡，保证隧道结构总体服役性能的均衡、连续。

6.1.3 大修设计施工前应采取措施改善引发结构病害的环境条件，如超出设计标准的河床冲淤、地面加卸载等，控制结构病害的发展。

6.1.4 结构大修过程中应加强对大修影响范围及邻近区段的结构和周围环境的监测，满足设计控制要求。

6.2 结构病害类型及大修设计方案

6.2.1 结构大修设计方案的选择应以《隧道大修前服役性能检测、评估专项报告》及结构本体核查资料为依据，综合考虑工程条件的改变、隧道服役性状、病害类型及发生原因、大修工程的结构构造特点和施工、环境条件等，优选安全适用、有效可靠、技术先进、经济合理的设计方案。

6.2.2 结构大修设计方案可根据病害具体情况按表 6.2.2 进行针对性的选用。

表 6.2.2 结构大修设计方案

结构类型	病害	可选用的主要结构大修方案	备注
隧道盾构段	纵向不均匀沉降	壁后注浆、体外注浆、隧道上部附加荷载处理	
	横断面变形	体外注浆、壁后注浆、隧道上部附加荷载处理(加载/卸载)、增设内衬	
	连续多环管片呈严重破坏	加钢内衬、内贴纤维材料	
	螺栓连接损坏	对受力螺栓予以更换,增设钢拉杆	
	接缝张开,环、纵缝错台	病害综合治理	
隧道沉管段	纵向不均匀变形	体外注浆、体内注浆、河床范围变化荷载处理	
	管节接头过度压缩	管节接头端部增设钢支撑	钢支撑设置时间宜避开夏季
	管节间接头顶部压缩量接近允许最小压缩量	管节接头钢拉索适当张拉	钢拉索张拉时间宜在夏季
	OMEGA 止水带破损	局部替换、整圈更换;在接头内侧增设一道新的止水装置	OMEGA 止水带替换时宜避开冬季
	管节结构严重破损	加钢内衬、内贴纤维材料	
	剪力键破损	按原设计标准修复补强	
	管节间错台	病害综合治理	
隧道明挖段	纵向不均匀变形	底板下压桩、结构侧绑桩、体内或体外注浆、隧道上部附加荷载处理	
	横断面变形	体内注浆、隧道上部附加荷载处理(加载/卸载)	
	局部区段呈严重破坏状况	增大截面法、加钢内衬、内贴纤维材料	

6.2.3 在进行重大、系统性结构病害的处治、设计时，应先进行分析论证、设计计算和风险评估，必要时经专家评审。确保大修工程质量，将施工中和修复后对结构本身和周边环境产生的影响控制在允许范围内。

6.3 设计、施工要点

6.3.1 盾构段采用壁后注浆、体外注浆时，应符合下列规定：

1 当隧道纵向产生较大的不均匀沉降、隧道结构横向收敛变形超出控制标准时，可在病害段采用壁后注浆、体外注浆方式对隧道底部、两侧或单侧地层进行注浆加固。

2 加固方式宜采用微扰动双液注浆加固，注浆对隧道产生的抬升量或直径收敛值应满足设计控制要求。

3 注浆浆液性能需满足设计要求，浆液配比宜根据地层情况经试验后确定。

4 壁后注浆防喷装置应牢固可靠，不得出现松脱或漏浆现象，注浆完成后应及时封孔。

5 注浆期间应对隧道位移、结构收敛变形、结构性裂缝进行实时监控。

6.3.2 沉管段管节和明挖段体内注浆、体外注浆方案应符合下列规定：

1 当沉管段或明挖段存在较大总体沉降或不均匀沉降时，可对恰当位置的结构底部采用体外注浆或体内注浆进行加固。

2 注浆加固以低压、慢速、充填注浆为原则，实施过程中，注浆压力应严格予以控制。

3 沉管段管节体外注浆可在陆域适当位置采用定向钻注浆方案，其平面、纵剖面布线应根据管节基础处理形式、两侧回填覆盖范围、管节埋深、管节沉降资料等综合确定。

4 体内注浆方案应有可靠的防喷装置，注浆孔应尽可能避开底板结构钢筋，注浆完成后应及时封孔。

5 注浆前应通过现场试验孔进行注浆试验，以调整和确定合适的施工工艺及技术参数。

6 注浆期间，应对结构姿态进行实时监测并予以及时反馈。

6.3.3 盾构段和明挖段顶部荷载调整处理应符合下列规定：

1 在隧道所处地面环境具备施工条件的情况下，对隧道结构的纵向不均匀沉降、横向收敛变形过大等病害可采用结构上部加、卸载或土体换填的处理方法。

2 隧道顶部加、卸载或换填土的实施方案，应满足周边建（构）筑物、地下管线对变形的控制要求，必要时采取相应的保护措施。

3 隧道顶部卸载后如需换填土，应满足原环境功能的使用要求，并得到产权单位的认可。

4 加（卸）载范围、深度、土体换填材质应符合设计要求。

6.3.4 增设钢内衬方案应符合下列规定：

1 在不侵占建筑限界情况下，可采用局部或整个横断面增设钢内衬的方法，与原隧道衬砌结构形成组合结构共同受力。

2 隧道盾构段、沉管段钢内衬以锚栓与结构相连，间隙宜填充环氧树脂材料进行加固处理。明挖段隧道钢内衬与结构宜采用结构胶粘剂连接，胶粘剂性能应符合现行国家标准《工程结构加固材料安全性鉴定技术规范》GB 50728 的规定；施工时，应采取措施卸除或大部分去除作用在被加固构件上的活荷载。

3 钢内衬安装应在隧道渗漏治理、注浆加固、地面加（卸）载等处理完成后，隧道纵向不均匀沉降、横向收敛变形基本稳定情况下进行。

4 盾构段隧道钢内衬宜封闭成环。尺寸应进行现场测量、放样，以确保与成型隧道内壁贴合。明挖段隧道钢内衬宜针对病害严重的墙、板、梁、柱结构构件分别进行处理。

5 沉管段管节中，对存在结构性裂缝和渗漏已经过多次注浆堵漏仍收效甚微的顶板或侧墙，可采用在局部或一定宽度板面内增设钢内衬的方法予以处理。

6 钢内衬的设计计算应符合现行国家标准《混凝土结构设计规范》GB 50010和《混凝土结构加固设计规范》GB 50367的规定；构造要求应按现行国家标准《混凝土结构加固设计规范》GB 50367执行。

7 钢内衬的外表面应进行防锈蚀处理；当被加固构件有防火要求时，还应按现行国家标准《建筑设计防火规范》GB 50016规定的耐火等级及耐火极限要求进行防护。

6.3.5 沉管段顶部增设钢支撑方案应符合下列规定：

1 当实测管节接头间顶部GINA止水带压缩量接近允许最大压缩量时，应在管节接头间采取设钢支撑，限制接头的进一步压缩。

2 钢支撑设置数量应根据接头压缩变形情况、实测或根据GINA止水带应力应变曲线、差异沉降、管节接头转角变化、温度变化等数据推算得出的最大纵向压力，结合钢支撑设计承载力综合计算确定。

3 钢支撑位置应与管节接头连接构件错开布置，根据实测管节接头距离确定钢支撑合适长度。

4 钢支撑设置形式应考虑管节接头随温度变化而产生的张开、压缩变形特性，既能限制管节接头进一步压缩又能适应一定的张开。

5 钢支撑及其锚板可采用锚栓固定，锚栓采用植筋方式锚入管节结构。

6 钢支撑及锚板、锚栓外露面均应进行防锈蚀处理。

7 钢支撑设置后，应加强该管节接头和邻近管节接头的纵向间距监测，且宜与管节沉降监测同步进行。

6.3.6 沉管段接头间柔性钢拉索张拉方案应符合下列规定：

1 当实测管节接头间GINA止水带压缩量接近允许最小压缩量时，应对管节接头位置的钢拉索进行适当、均匀的张拉。

2 钢拉索的张拉应按原设计要求使其处于张紧状态（不松弛、不悬垂），张拉时确保必要的预紧力。

6.3.7 沉管隧道 OMEGA 止水带更换应满足下列规定：

1 当管节接头 OMEGA 止水带发生破损时，应根据具体情况，对 OMEGA 止水带进行局部或整圈更换；被更换的止水带应分段切割、拆卸；局部更换时，新旧止水带间应按专门的工艺、采用剖口热接法连接。连接后，应保证整圈止水带的连续、平整、密贴、无渗漏。

2 更换的止水带材质、型号和安装固定方式宜与原设计保持一致，物理性能指标不得低于原设计标准。

3 OMEGA 止水带的更换应有专门的施工组织设计方案。更换止水带前，应针对其受损原因采取措施，防止再度受损。更换过程中，应防止对结构、变形的影响，保证止水带未更换部分不产生松动、位移。更换止水带后，宜进行密水试验，确认其防水性能满足设计要求，同时还应对止水带变形情况、接头间距变化进行观察和跟踪测量。

6.3.8 粘贴纤维复合材料加固应符合下列规定：

1 当混凝土结构部分出现大于 0.2 mm 的结构性裂缝、结构内渗水，裂缝宽度随温度呈周期性变化时，宜对隧道中的钢筋混凝土受弯、偏心受压构件采用粘贴纤维复合材料进行加固。

2 采用纤维复合材料加固修复时，应由专业人员按现行国家标准《混凝土结构加固设计规范》GB 50367 进行设计，结构加固用纤维复合材料的纤维必须为连续纤维。

3 采用纤维复合材料加固应由专业施工队伍进行，施工前应先对加固范围内的裂缝用合适的材料进行封闭止水。

4 结构加固用的胶粘剂性能应符合现行国家标准《工程结构加固材料安全性鉴定技术规范》GB 50728 的规定。

5 粘贴在混凝土构件表面上的纤维复合材料，其表面应进行可靠的防护处理。

6.3.9 增大截面法加固应符合下列规定：

1 因服役条件发生变化，构件截面不满足受力要求的情况下，当隧道内具备条件时，可采用增大截面法进行加固。

2 增大截面法加固应满足现行国家标准《混凝土结构加固设计规范》GB 50367 和《建筑结构加固工程施工质量验收规范》GB 50550 的相关规定。

3 对墙、板等大面积构件加厚时，应考虑混凝土干缩的影响，适当考虑钢筋的加强。新增的受力钢筋，两端应可靠锚固。

4 加固施工前，应采取措施卸除或大部分卸去作用在结构上的活荷载；加固时，应采取措施确保新浇混凝土的密实度，以及新老混凝土界面的可靠连接，保证新老混凝土共同工作。

6.3.10 基础压桩、结构绑桩加固应符合下列规定：

1 当明挖隧道出现严重的不均匀沉降时，可采用基础压桩措施进行基础加固；当明挖隧道埋深较浅且隧道外侧地面具备条件时，也可采用结构绑桩进行加固。

2 基础压桩宜采用锚杆静压桩，桩型可采用钢筋混凝土桩、钢管桩、预制管桩、型钢等；桩位宜布置在墙体的内外侧或柱四周的底板上，压桩施工应有可靠的防喷措施并满足现行行业标准《既有建筑地基基础加固技术规范》JGJ 123 的相关规定。

3 结构绑桩宜采用钻孔灌注桩，桩位宜布置于隧道外侧尽量靠近侧墙，通过植筋等措施将桩顶绑梁与明挖隧道顶板或侧墙连成整体。

7 渗漏水治理

7.1 一般规定

7.1.1 渗漏水治理的设计和施工应遵循“以堵为主,因地制宜,多道设防,综合治理”的原则。

7.1.2 当渗漏部位有结构安全隐患时,宜在结构修复后再进行渗漏水治理。渗漏治理设计施工不得对结构、环境产生不利影响。

7.1.3 渗漏治理选用新材料、新技术和新工艺时,应经过鉴定或工艺验证。

7.1.4 渗漏水治理前应掌握隧道工程原防水、排水系统的设计、施工和验收资料,根据《隧道大修前服役性能检测、评估专项报告》,并参考正常维修中已采取的治理措施和效果,提出科学、有效、经济合理的治理方案。

7.1.5 渗漏治理所选材料应符合下列规定:

1 施工工艺应适应现场环境条件。

2 应与原防水材料相容,并应避免对环境造成污染。

3 应满足工程的特定使用功能要求。

7.2 病害类型及大修设计方案

7.2.1 隧道结构主体渗漏水治理应根据渗漏形式及病害类型按表 7.2.1 选取合适的工艺及材料。

7.2.2 盾构段隧道接缝渗漏水应根据渗漏部位按表 7.2.2 选取合适的工艺及材料。

表 7.2.1　隧道结构主体渗漏治理的工艺及选材

治理工艺	渗漏形式及病害类型						材料
	孔洞渗漏	裂缝渗漏	大面积渗漏	变形缝渗漏	施工缝渗漏	管根及预埋件根部渗漏	
钻孔注浆	○	●	●	●	●	○	聚氨酯灌浆材料、环氧树脂灌浆材料、水泥基灌浆材料、丙烯酸盐灌浆材料等
埋管注浆	●	○	×	●	○	●	
贴嘴注浆	×	●	×	×	○	×	
快速封堵	●	○	●	×	○	○	速凝型无机防水堵漏材料
嵌填密封	×	×	×	○	○	●	遇水膨胀止水条(胶)、合成高分子密封材料、改性沥青密封材料
安装内置式止水带	×	×	×	●	○	×	内置密封止水带、可卸式橡胶止水带
设置刚性防水层	●	●	●	×	●	●	水泥基渗透结晶型防水涂料、缓凝型无机防水堵漏材料、渗透型环氧树脂类防水涂料、防水砂浆
设置柔性防水层	○	○	○	×	○	●	喷涂聚脲防水涂料、Ⅱ型或Ⅲ型聚合物水泥防水涂料

注：1. ●—优选，○—宜选，×—不宜选。
2. 孔洞渗漏指结构预留孔洞处产生的渗漏。

表 7.2.2 盾构段隧道接缝渗漏治理工艺及选材

治理工艺	渗漏部位				材料
	管片环、纵缝	隧道与连接通道连接处	隧道进、出洞口部位	变形缝	
壁后注浆	●	●	●	●	超细水泥灌浆材料、水泥-水玻璃灌浆材料、聚氨酯灌浆材料、丙烯酸盐灌浆材料
接缝注浆止水	●	●	●	●	聚氨酯灌浆材料、丙烯酸盐灌浆材料、环氧树脂灌浆材料等
快速封堵	●	○	○	○	速凝型无机防水堵漏材料
嵌填密封	○	●	●	○	遇水膨胀止水条(胶)、合成高分子密封材料

注:●—优选,○—宜选。

7.2.3 当沉管管节接头 OMEGA 止水带存在局部破损时,应先采取措施稳定管节间差异沉降和水平变位,再对 OMEGA 止水带破损部分进行更换。

7.2.4 渗漏水治理工艺的选用宜符合下列要求:

1 当裂缝较宽或渗漏量较大时,宜采取钻孔注浆止水。钻孔对结构安全性应有可靠的技术措施,并按有无结构裂缝补强要求分别处理:

1) 对无补强要求的裂缝,注浆孔宜交叉布置在裂缝两侧,钻孔应斜穿裂缝,垂直深度宜为混凝土结构厚度 h 的 1/3～1/2,钻孔与裂缝水平距离宜为 100 mm～250 mm,孔间距宜为 300 mm～500 mm,孔径不宜大于 20 mm,斜孔倾角 θ 宜为 45°～60°。当需要预先封缝时,封缝的宽度宜为 50 mm。见图 7.2.4-1。

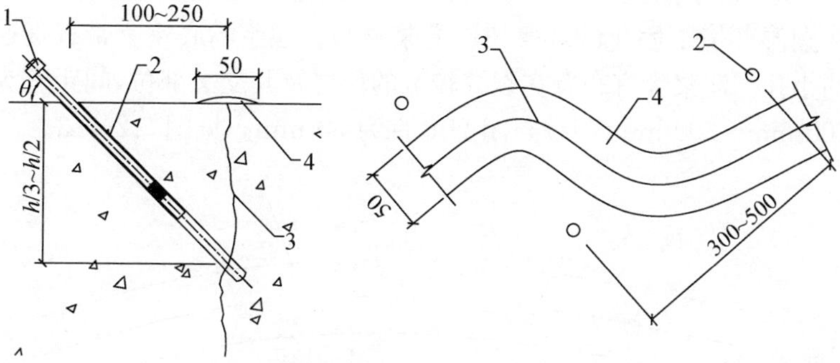

1—阀门；2—钻孔；3—裂缝；4—封缝材料

图 7.2.4-1　钻孔注浆布孔

2）对有补强要求的裂缝，宜先钻斜孔并注入聚氨酯灌浆材料止水，钻孔垂直深度不宜小于结构厚度 h 的 1/3；再进行二次钻斜孔，注入可在潮湿环境下固化的环氧树脂灌浆材料或水泥基灌浆材料，钻孔垂直深度不宜小于结构厚度 h 的 1/2。见图 7.2.4-2。

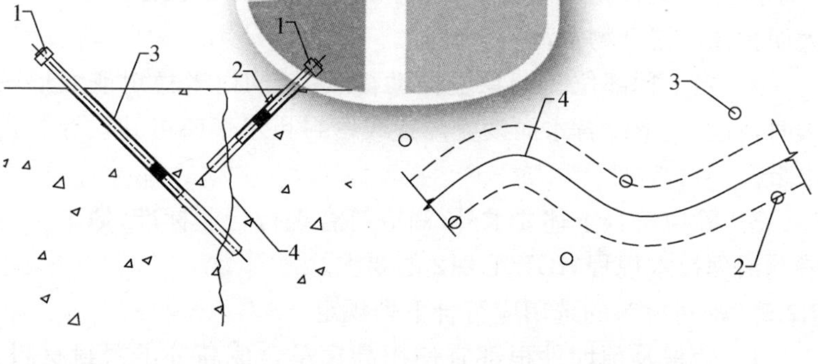

1—阀门；2—注浆止水钻孔；3—注浆补强钻孔；4—裂缝

图 7.2.4-2　钻孔注浆止水及补强的布孔

2 对于潮湿而无明水的细小裂缝，宜采用贴嘴注浆注入可在潮湿环境下固化的环氧树脂灌浆材料。注浆嘴底座宜带有贯通的小孔。注浆嘴宜布置在裂缝较宽的位置及其交叉部位，间距宜为200 mm～300 mm，裂缝封闭宽度宜为50 mm。见图7.2.4-3。

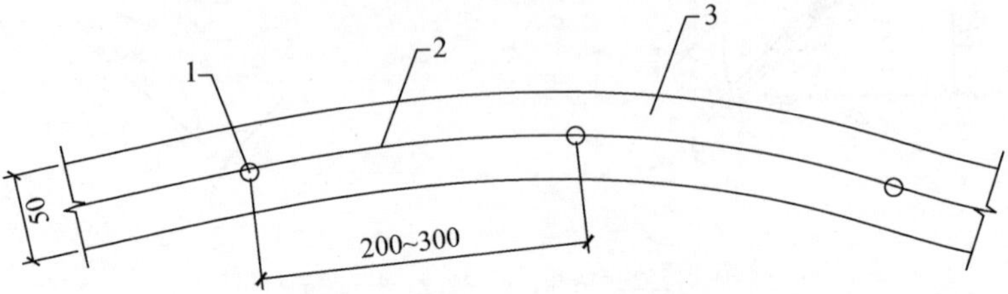

1—注浆嘴；2—裂缝；3—封缝材料

图7.2.4-3 贴嘴注浆布孔

3 对反复渗漏的裂缝，可先注浆止水，然后在基层表面设置刚性防水层。设置刚性防水层时，宜沿裂缝走向在两侧各200 mm范围内的基层表面先涂布水泥基渗透结晶型防水涂料，再单层抹压聚合物水泥防水砂浆。对于裂缝分布较密的基层，宜大面积抹压聚合物水泥防水砂浆。

4 当工程部位长期承受振动荷载、结构尚未稳定或变形较大时，宜在变形缝背水面设置内置式密封止水带或可卸式橡胶止水带。

5 除应符合上述要求外，尚应符合现行行业标准《地下工程渗漏治理技术规程》JGJ/T 212的要求。

7.2.5 密封材料的选用应符合下列规定：

1 管根及预埋件根部宜使用高模量合成高分子密封材料，开槽的深度宜为宽度的1倍～2倍，槽中宜设置背衬材料，槽壁宜涂刷基层处理剂。

2 变形缝嵌缝槽宜使用拉伸模量在0.4 MPa～0.8 MPa的密

封材料，并宜先涂布配套的基层处理剂，底部宜设置背衬材料。

3 遇水膨胀止水条(胶)应在约束膨胀的条件下使用。

7.2.6 刚性防水材料的使用应符合下列规定：

1 环氧树脂类防水涂料的用量不宜小于 0.5 kg/m^2，涂刷次数应不少于 2 遍。

2 水泥基渗透结晶型防水涂料的用量不应小于 1.5 kg/m^2，且涂膜厚度不应小于 1.0 mm。

7.2.7 柔性防水涂料的应用应符合下列规定：

1 喷涂聚脲防水涂膜的厚度不宜小于 1.5 mm，并应配备合格的基层处理剂。

2 聚合物水泥防水涂膜的厚度不宜小于 2.0 mm，并宜设置水泥砂浆保护层，必要时可铺设胎体增强材料。

7.3 施工要点

7.3.1 渗漏治理施工工艺与材料的选择应与施工时的气候条件、环境条件相匹配。渗漏部位的基面处理应符合材料及施工工艺的要求。

7.3.2 渗漏治理应防止对原有完好防水材料的破坏。对于局部被破坏的原防水层，应予以修复。对已完成渗漏治理的部位应采取保护措施。

7.3.3 进场的防水材料宜由相关各方进行现场见证抽样复验。

8 道路面层大修设计和施工

8.1 一般规定

8.1.1 道路面层大修设计主要针对隧道内沥青路面进行。

8.1.2 道路面层大修宜满足原设计线型要求，纵断面应充分考虑隧道建筑限界及内部设备布置条件。

8.1.3 沥青路面的面层大修应满足路面状况、平整度、抗滑等要求。

8.1.4 沥青道路面层大修的路面结构层形式和厚度应根据道路等级、建筑限界、设计使用年限内的车道累计当量轴次和现行行业标准《公路沥青路面设计规范》JTG D50 的相关规定确定。沥青混合料面层的厚度宜在现行行业标准《公路沥青路面设计规范》JTG D50 规定的适宜厚度范围内；条件受限时，不得小于上述规范规定的最小压实厚度。

8.2 病害类型及大修设计方案

8.2.1 对于道路面层裂缝、变形、松散等病害情况，大修设计方案均为铣刨加罩，道路面层病害类型及设计方案见表 8.2.1。

表 8.2.1 道路面层病害类型及设计方案

损坏类型		大修设计方案
裂缝类	横向裂缝	铣刨加罩
	竖向裂缝	

续表 8.2.1

损坏类型		大修设计方案
松散类	坑槽	铣刨加罩
	松散	
变形类	沉陷	
	车辙	
其他类	波浪拥包	
	修补	

8.2.2 在面层与基层之间存在不稳定的夹层，而形成车辙、波浪和拥包情况下，应将面层铣刨、清除不稳定夹层后，按设计路面结构进行分层摊铺。

8.2.3 坑槽深度已达基层时，应先处治基层再修面层，槽深大于 50 mm 时，应分层摊铺压实。

8.2.4 沥青路面铣刨、挖除的旧料宜考虑再生利用，并符合现行行业标准《城镇道路沥青路面再生利用技术规程》CJJ/T 43 的规定。

8.3 设计、施工要点

8.3.1 在隧道内铺筑沥青路面时应充分考虑隧道沥青路面施工和维修养护工作的困难、隧道内外光线变化显著、隧道有可能漏水或冒水，隧道防火要求等特点，选择适宜的材料与结构。

8.3.2 对隧道底部的地下水应采取疏导方式，设置完善的排水系统。

8.3.3 施工过程中需确保通风良好，采取防火措施，制订切实可行的防灾和疏散预案。

8.3.4 施工时隧道内应安排足够的行车通道，各种施工机械应适应隧道净空的要求，选用宽度较窄的摊铺机铺筑，运料车应能完全卸料。

9　机电设施大修设计和施工

9.1　一般规定

9.1.1　大修的机电设施系统、设备应进行全面修缮，消除安全隐患，保证隧道运营安全，满足环保、节能、防灾的要求。

9.1.2　针对各设施系统病害，在隧道总体设计布局可行的情况下宜作重新调整设计，不宜或无法调整的应采取妥善的技术方案予以提升、改善。

9.1.3　机电设施大修需更换的设备应满足技术先进、安全适用、运行可靠、高效节能的要求。

9.1.4　机电设施应作为一个整体，处理好大修范围内与未进行大修设施的衔接、协调，有利于安全可靠运行和集中、统一管理。

9.2　通风系统病害类型及大修方案

9.2.1　通风系统病害可分为系统病害和设备病害两类。系统病害是指通风系统已不适应于工程现状，或不满足原设计规范的要求，包括设计标准、通风方式、风机风量及台数、控制策略等。设备病害主要是指设备状态及参数与设计标准偏离较大，无法适应系统运行的要求。

9.2.2　通风系统病害类型及大修处理方案可按照表 9.2.2 选择。

表 9.2.2　通风系统病害类型及大修处理方案

病害类型	病害		病害主要原因	大修处理方案
系统病害	通风方式及风机配置不满足运行现状，存在安全隐患或能耗偏高		通行车辆种类及数量变化等	根据基础资料的变化重新调整设计
	污染物浓度、换气次数、排烟风速或风量不能达到设计标准		风机通风效率下降、通行车辆种类及数量变化等	更新、维修风机，复核计算需风量及风机配置
	洞口周围环境空气质量、噪声不满足环保要求		新的环保要求等外部因素出现，风机排风效率下降、通行车辆种类及数量变化等	更新、维修风机，在可能情况下按新的环保评价结论对环保设施作相应调整
	电缆通道温度、换气次数不满足运营需求，安全通道加压送风量不满足余压值的要求		风机通风效率下降、系统阻力增加较多、漏风点未封堵	更新维修排风机，排查风道，封堵漏风点
设备病害	风机	无法启动	供电故障、机械故障	更换性能优良、符合要求的标准通用产品，并按要求妥善安装
		电机过载、过热	轴承损坏	
			冷却系统故障	
			动力不配套、电源电压偏差过大	
		剧烈震动	风机叶片变形	
			联轴器结合不良	
			转动零件磨损、损坏、固定松动	
		风量、风压不足	转速偏低	
			风道内有异物	
	阀门	开启时间变长开关卡顿	执行机构损坏	更换损坏部件
			连杆连接器等运动机构锈蚀	
			异物	
		漏风	阀体、叶片变形	
			密封胶条老化损坏	
			安装缝隙封堵失效或扩大	
	消声器	消声量下降	消声填充体受潮、发霉、塌落	更换损坏部件
			片间通道异物	
			穿孔板阻塞、锈蚀	
		框架变形	安装不到位、框架件损坏	

9.3 照明系统病害类型及大修方案

9.3.1 照明系统病害可分为系统病害和设备病害两类。系统病害是指照明系统由于各设备故障、软硬件配置不合理产生的系统运行问题。设备病害主要指设备故障。

9.3.2 照明系统病害类型及大修处理方案可按照表9.3.2选择。

表9.3.2 照明系统病害类型及大修处理方案

<table>
<tr><th>病害类型</th><th colspan="2">病害</th><th>病害主要原因</th><th>大修处理方案</th></tr>
<tr><td>系统病害</td><td colspan="2">照明控制系统失效，不能准确地接收和发布命令，存在安全隐患</td><td>系统内部分设备故障或者线路老化等</td><td>盘查故障点，更新维修控制系统</td></tr>
<tr><td rowspan="12">设备病害</td><td rowspan="6">自动补偿交流稳压器</td><td rowspan="4">电气故障</td><td>输出电压、电流值不在规定范围内或不稳定</td><td rowspan="6">应更换性能优良、符合国家标准要求的产品，妥善安装并做好相关测试及验收</td></tr>
<tr><td>内部相间、线间及对地绝缘超标</td></tr>
<tr><td>主接线回路及元器件接线松脱或损坏</td></tr>
<tr><td>调压线圈、电器触点表面发黑、接触不良</td></tr>
<tr><td rowspan="2">机械故障</td><td>链条机械传动系统生锈、传动不流畅</td></tr>
<tr><td>碳刷磨损厉害或已损坏</td></tr>
<tr><td rowspan="6">应急电源装置EPS</td><td rowspan="2">电池故障</td><td>电池电解液劣化、温度超标异常</td><td rowspan="6">应更换性能优良、符合国家标准要求的产品，妥善安装并做好相关测试及验收</td></tr>
<tr><td>电池电压异常、电池绝缘异常</td></tr>
<tr><td rowspan="2">充电机及浮充电机故障</td><td>输出直流电压、电流值异常</td></tr>
<tr><td>充电电路、整流装置异常</td></tr>
<tr><td rowspan="2">应急状态故障</td><td>电源无法切换，开关、接触器损坏</td></tr>
<tr><td>应急转换时间、放电时间不满足要求</td></tr>
</table>

续表 9.3.2

病害类型	病害		病害主要原因	大修处理方案
设备病害	照明配电箱	熔断器异常	熔丝熔断	应更换性能优良、符合国家标准要求的产品，妥善安装并做好相关测试及验收
		断路器异常	动静触头中心不对应、有变形、烧蚀现象	
			脱扣器工作异常	
	照明控制柜	设备故障	控制命令执行不到位或者无响应	更换系统硬件或更新控制系统软件
			导线接触不良或有松动、脱落现象	
			调光级别与实际不匹配、反馈信息有误	
	隧道灯具（包括应急照明灯具）、路灯	电气故障	光源发光异常、不亮或 LED 灯珠损坏 30%以上	更换灯具损坏部件，问题严重的及时更换整灯
			绝缘异常、接线松动、接触不良	
			补偿电容器、触发器、镇流器、接触器损坏	
		机械故障	紧固件、连接件、螺栓生锈或松动	
			外壳、安装托架腐蚀或损坏	
		密封问题	灯具内积水、密封条老化	
		照度问题	亮（照）度不满足规范和标准要求	
		反射器问题	灯具反射器氧化失效	
		灯杆故障（路灯）	灯杆有裂纹、损伤及涂装破坏，焊接连接部位生锈或损坏	
	灯光疏散指示标志	外壳破损	外观结构破损、面板划伤或破裂	更换灯具损坏部件，问题严重的及时更换整灯
		密封问题	灯具内积水、密封条老化	
		光源故障	光源不亮或亮度不满足要求	
		应急状态故障	应急转换时间不满足要求	
			应急放电时间不满足要求	
	照明线路	线路故障	导线接触不良，有烧焦、破损、老化等现象	更换损坏线路
			对地绝缘异常	

注：照明系统中 UPS 电源装置设备病害及大修方案参见弱电系统中相关内容。

9.4 弱电系统病害类型及大修方案

9.4.1 弱电系统病害可分为系统病害和设备病害两类。系统病害是指因软硬件配置不合理、不完善等产生的系统运行问题，设备病害主要指设备故障。

9.4.2 弱电系统病害类型及大修处理方案可按照表9.4.2选择。

表9.4.2 弱电系统病害类型及大修处理方案

<table>
<tr><th>病害类型</th><th colspan="2">病害</th><th>病害主要原因</th><th>大修处理方案</th></tr>
<tr><td rowspan="4">系统病害</td><td colspan="2">通风、照明系统控制效率低，系统运行能耗大</td><td>控制方案不合理</td><td>调整控制方案，优化控制策略</td></tr>
<tr><td colspan="2">火灾报警系统误报、漏报，消防系统无法正常联动</td><td>报警设备老化、性能下降；报警阈值设置不合理</td><td>更新报警设备、调整报警阈值</td></tr>
<tr><td colspan="2">广播音量低、语音不清晰</td><td>功放功率低、传输线路衰耗大、扬声器故障</td><td>更新功放、扬声器、传输线路</td></tr>
<tr><td colspan="2">网络瘫痪、数据被盗取</td><td>网络病毒、木马植入、网络攻击</td><td>查杀病毒，安装网络安全设备和防病毒软件，升级计算机软硬件</td></tr>
<tr><td rowspan="8">设备病害</td><td rowspan="6">可变信息标志
可变限速标志
车道指示器</td><td rowspan="4">黑屏</td><td>LED像素管故障、开关电源故障、电源线路故障</td><td rowspan="8">更换损坏部件</td></tr>
<tr><td>通信故障、CPU故障、主板故障</td></tr>
<tr><td>控制回路、继电器、PLC硬件故障</td></tr>
<tr><td>系统运行程序失控</td></tr>
<tr><td rowspan="2">像素管不亮、模组不亮</td><td>像素管损坏、模组电源故障</td></tr>
<tr><td>通信故障</td></tr>
<tr><td rowspan="2">交通信息检测设备（环形线圈车辆检测器）</td><td rowspan="2">检测精度低或无检测数据</td><td>线圈串扰，线圈开路、短路</td></tr>
<tr><td>设备故障</td></tr>
</table>

续表 9.4.2

病害类型	病害		病害主要原因	大修处理方案
设备病害	区域控制器(PLC)	无法启动	CPU 模块、电源模块、背板故障	更换损坏部件
		与上位机通信中断	光电缆损坏、通信模块故障、传输设备故障	
		无输入、输出信号	电源故障	
			外设故障、接插件松动	
			程序错误	
			输入、输出模块故障	
	监控摄像机	无图像	电源线路故障、信号线路故障、摄像机损坏	
	光端机	传输信号中断	光模块损坏	
			光纤尾纤、法兰故障	
			光信号衰减过大	
	扩音装置、消防应急广播	无声音、声音断续、噪声	扬声器音圈损坏	
			电源线路故障、功放电路故障	
			滤波电容故障	
	手动报警按钮	误报警	玻璃罩破损	更换损坏部件，提高设备防护等级
		按钮失灵	受潮损坏	
	火灾探测器	误报警、漏报警	环境干扰(受潮、灰尘污染、气流影响等)	更换损坏部件，设备选型考虑环境适应性
			探测器灵敏度过低或过高	
			光纤断纤、光源衰减	
	火灾自动报警及消防联动控制器	无信号显示或显示异常	开关电源、控制器 CPU 故障、蓄电池损坏	
		显示故障信息	总线回路短路、断路	
			回路设备故障、电磁干扰	

续表 9.4.2

病害类型	病害		病害主要原因	大修处理方案
设备病害	火灾声光警报器	无声音、灯不闪	蜂鸣器、报警灯故障；控制线路、供电线路故障	更换损坏部件
	消防专用电话	对讲电话不能正常通话	线路短路、开路	更换故障线路
	无线信号收发装置	通信质量差	无线接收机、直放站等设备老化、故障，传输损耗，天馈系统故障	更换损坏部件
	程控交换机	用户板故障	端口电路损坏、背板故障、连接电缆故障	检查接地装置、保安单元，更换损坏部件
		电源故障	元器件老化、雷击损坏	
	墙屏显示系统	屏幕亮度低	光源亮度衰减	更换损坏部件
		清晰度下降	光学器件聚焦不良	
		黑屏	供电故障、控制系统故障	
		屏幕十字架、亮线	LED 显示屏灯珠损坏	
	网络交换机	电源故障、端口故障、背板故障	电源线路老化、雷击损坏、供电电压不稳	
			端口接线松动、灰尘污染、尾纤断纤	
			电路板受潮短路；元器件高温、雷击受损	
	服务器、工作站	死机	硬盘、内存、CPU、主板故障；网卡故障；程序错误	
		卡顿、响应慢	内存容量不足、CPU 性能下降、网络故障	硬件升级
	UPS 电源装置、消防专用电源装置	蓄电池无法充电	蓄电池、充电电路故障	更换损坏部件
		市电无法转电池供电	蓄电池电压过低	
			蓄电池电压检测电路故障	
			逆变器损坏	

续表 9.4.2

病害类型	病害		病害主要原因	大修处理方案
设备病害	CO/VI、风速风向仪、光亮度计、光照度仪	检测精度下降	镜面污损、传感器老化	更换损坏部件
		检测数据失真	传感器故障、通信故障	
	电缆	短路	绝缘性能下降、绝缘层破坏	更换故障线路
		电阻增大	电缆接头接触不良、接头松动、铜芯氧化	
	光缆	衰减增大	光缆弯曲半径过小、受挤压、接头故障	

9.5 给排水系统病害类型及大修方案

9.5.1 给排水系统病害可分为系统病害和设备病害两类。系统病害是指给排水系统由于各设备部件不匹配、系统设置不合理、水流状态不稳等原因产生的系统运行问题。设备病害主要指设备故障。

9.5.2 给排水系统病害类型及大修处理方案可按照表 9.5.2 选择。

表 9.5.2 给排水系统病害类型及大修处理方案

病害类型	病害	病害主要原因	大修处理方案
系统病害	系统设置及设备配置不满足运行现状，存在安全隐患或能耗偏高	运行状况的改变、设备老化等	根据运行现状，改造更新系统设置和设备
	压力排水管路出水不畅	管路发生气塞	增设排气设施
	路面雨水进入隧道底部	路面横截沟收水能力不足	改造横截沟设置，增加横截沟收水能力
	自动喷水系统误喷	电磁阀故障、误开启	检修或更换故障部件
		管网稳压压力偏小	提高管网压力设置

续表 9.5.2

病害类型	病害		病害主要原因	大修处理方案
设备病害	水泵	无法启动	供电故障、机械故障	应更换性能优良、符合要求的标准通用产品，并按要求妥善安装
		电机过载、过热	轴承损坏	
			冷却系统故障	
			动力不配套、电源电压偏差过大	
		剧烈震动	电机转子失衡	
			联轴器结合不良	
			转动零件磨损、损坏，固定松动	
		流量不足	吸口异物或堵塞	
			管路漏水、漏气、气塞	
	管道	管道渗漏	管道锈蚀	个别接口或管段，可以局部更换和维修。若是普遍问题，应采取整体大修或更新改造方案
			接口渗漏	
		管道移位	管道固定松动	
			管道转弯处推力墩架损坏	
	控制阀箱	雨淋阀故障	密封隔膜损坏、阀体未复位	更换损坏部件
		电磁阀故障	控制线路失灵	
		管路内泄漏	电磁阀不能关闭或关闭不严	
			水力控制阀阀前压力过低	
		比例混合器故障	构件变形和损坏混合比例失衡	
	喷头	锈蚀、损坏	材料腐蚀、外力碰撞	
	阀门及管件	波纹管伸缩器断裂	伸缩变形量超过限定值	更换符合要求的产品
			管道轴线错位	重新设置和安装
			固定和移动支架设置不合理	
			管径过大、轴线失稳	≥DN250 采用其他形式伸缩器
			超过使用寿命，金属疲劳断裂	更换

续表 9.5.2

病害类型	病害		病害主要原因	大修处理方案
设备病害	横截沟	盖板松动、跳车	盖板固定螺栓松动	更换采用盖板和盖座整体浇铸的一体化结构横截沟
	泡沫液	燃烧物表面无法形成覆盖膜	产品过有效期	更换符合要求的产品
			产品成分不合格	更换合格产品
			混入其他化学品或灭火剂	更换符合要求的产品

9.6 供电系统病害类型及大修方案

9.6.1 供电系统病害可分为系统病害和设备病害两类。系统病害是指供电系统已不适应于工程现状，不满足交通安全要求，包括设计标准、负荷增大、配电设备增加、控制策略调整等。设备病害主要是指设备状态及参数与设计标准偏离较大，无法适应系统运行的要求。

9.6.2 供电系统病害类型及大修处理方案可按照表 9.6.2 选择。

表 9.6.2 供电系统病害类型及大修处理方案

病害类型	病害	病害主要原因	大修处理方案
系统病害	供电方案及设备配置不满足设计标准或交通现状	因相关专业方案变化导致系统负荷、供配电设备、设备的控制方式发生变化等	根据总体要求及交通现状等，在可能情况下调整设计

续表9.6.2

病害类型	病害		病害主要原因	大修处理方案
设备病害	高压断路器柜	断路器异常/故障	动静触头中心不对应、有变形、烧蚀现象	更换性能优良、符合国家标准要求的产品，妥善安装并做好相关测试及验收
			真空泡损坏、线圈老化	
			操动机构卡塞、手车抽出或插入不畅	
	高压互感器与避雷器柜高压计量柜	互感器异常	互感器绝缘有裂痕	
		避雷器异常	手车式避雷器一次隔离触头异常、有放电痕迹	
	高压隔离开关和负荷开关柜	触头或开关故障/异常	动静触头中心不对应、操动机构卡塞	
			灭弧装置烧损	
	35 kV及10 kV变压器	电气特性、绝缘特性异常或超标	内部线圈直流电阻超标	
			内部相间、线间及对地绝缘超标	
			浇注线圈的树脂和支撑线圈的垫块龟裂	
			有异常声响和过热、噪声超标	
	箱式变电站（含地埋式变压器）	箱变异常	噪声超标、局部发热、漏油、箱体外壳有破损	根据《产品使用及维护手册》维护或更换
	电容器柜	电容器异常	有膨胀现象、有击穿现象	更换性能优良、符合国家标准要求的产品，妥善安装并做好相关测试及验收
		接触器异常	动静触头中心不对应、触头有烧痕	
		电抗器异常	线圈变形、绝缘破损	
		控制器异常	控制器不能正常工作	
	低压开关柜	母排异常	母排有炭化、发生形变	
			瓷瓶或绝缘件有裂纹	
		断路器异常	动静触头中心不对应、有变形、烧蚀现象	
			脱扣器工作异常	
			开关的机械互锁、联锁功能失效	

续表9.6.2

<table>
<tr><th>病害类型</th><th colspan="2">病害</th><th>病害主要原因</th><th>大修处理方案</th></tr>
<tr><td rowspan="15">设备病害</td><td rowspan="3">低压开关柜</td><td>接触器异常</td><td>动静触头中心不对应、操动机构卡塞</td><td rowspan="7">更换性能优良、符合国家标准要求的产品，妥善安装并做好相关测试及验收</td></tr>
<tr><td>互感器异常</td><td>互感器绝缘有裂痕</td></tr>
<tr><td>热继电器异常</td><td>双金属片变形、动触头杆的弹性消失</td></tr>
<tr><td rowspan="3">动力配电箱（柜）</td><td>双电源装置异常</td><td>转换开关可动部分卡塞、旋转定位不准</td></tr>
<tr><td>断路器、接触器异常</td><td>脱扣器工作异常、接触器触头有烧痕</td></tr>
<tr><td>热继电器、软启动器异常</td><td>热继电器双金属片变形、软启动器不能正常启动</td></tr>
<tr><td>交直流电源屏</td><td>断路器、接触器、蓄电池异常</td><td>脱扣器工作异常；接触器触头有烧痕；充电电路及整流装置异常；电池电解液劣化</td></tr>
<tr><td>继电保护及测控装置</td><td>继电保护及测控装置异常</td><td>时钟不准、装置故障或报警失真</td><td>根据《产品使用及维护手册》进行升级或更换</td></tr>
<tr><td rowspan="2">电力电缆</td><td rowspan="2">电力电缆老化</td><td>电缆线间、相间及对地绝缘超标</td><td rowspan="7">局部更换和维修，若是普遍问题，大修中更换性能优良、符合要求的产品，并按要求妥善安装</td></tr>
<tr><td>电缆头有烧蚀现象</td></tr>
<tr><td rowspan="2">桥/支架、托架及槽盒</td><td rowspan="2">桥/支架、托架及槽盒异常或老化</td><td>有变形、断开</td></tr>
<tr><td>紧固部件或连接部件腐蚀、松动</td></tr>
<tr><td rowspan="3">防雷与接地设施</td><td rowspan="2">防雷装置异常</td><td>浪涌保护装置（SPD）异常</td></tr>
<tr><td>外部防雷装置腐蚀、安装松动</td></tr>
<tr><td>接地装置异常</td><td>接地紧固部件或连接部件腐蚀、松动</td></tr>
</table>

9.7 施工要点

9.7.1 施工前应对大修中需更换设备的基础,预埋件、预留孔位置等进行现场摸排与核查,对新增设备的基础,预埋件、预留孔位置等进行检查验收。

9.7.2 轴流风机卧式安装,减振器、软接头、集流罩由供货商配套供应。风机应在供货商指导下运输、安装、调试。风机房顶板下设置的起吊梁、手动葫芦和小车,为设备检修使用,不得用于吊装整台风机。

9.7.3 射流风机采用吊式安装,其中心轴线与隧道轴线平行,安装高度误差不得超过±5 mm,风机下沿离建筑限界不得小于150 mm。射流风机安装吊架及减振器由供货商配套供应。安装前支撑结构应进行不小于15倍设备重量的载荷试验。

9.7.4 原位更换的照明灯具应注意新的支架与既有结构体内的灯具预埋件的匹配性,所有照明回路均按回路单独穿管,不同回路不应共管敷设。

9.7.5 对弱电系统实施软件更新升级时,应编制详细的软件开发文档,便于软件维护及升级扩容。

9.7.6 给排水管材、部件及设备安装前,应对其规格、型号和质量进行检查并清理干净,合格后方可安装。

9.7.7 大修过程中,应对隧道内保留的设备设施采取可靠的保护措施。

9.7.8 箱、柜、管件等经过大修处理后,其进出线及穿越墙、楼板的孔洞应用防火泥重新封堵。

9.7.9 施工过程中应对各子系统之间接口部位的施工质量进行检查验收,所有交接检查应形成完整的记录。

9.7.10 在设备安装结束并完成单机性能指标检测后,应进行各子系统的功能调试;各子系统功能调试合格后,应进行系统集成联动功能调试，确保系统的功能达到设计要求。

9.7.11 机电设备及系统的施工及安装应按照现行上海市工程建设规范《道路隧道机电设备安装工程施工质量验收规范》DG/TJ 08—112 及现行国家标准《通风与空调工程施工质量验收规范》GB 50243、《通风与空调工程施工规范》GB 50738 执行。

10 大修施工技术管理

10.1 施工准备期的组织管理和技术管理

10.1.1 大修施工应坚持环境友好、以人为本的原则，采用科学的管理手段、合理的交通疏解方案、精细化的施工组织设计，以快速、绿色施工技术，保证大修工程的优质、高效。

10.1.2 应根据隧道大修工程的整体特点和规模，以施工质量、进度、成本控制目标及安全管理目标为依据，建立统一的技术、业务分级管理体系。

10.1.3 在大修施工前必须做好充分的施工技术准备，管理要点有：

1 技术调查：熟悉相关技术资料，包括《隧道大修前服役性能检测、评估专项报告》、大修工程设计文件、隧道建设时的设计和施工文件、运维资料等，进行现场排摸。

2 技术准备：编制总体施工组织设计、特殊专项施工方案；在拆除隧道内装修后协助设计单位进行隧道病害核查及设计方案局部调整；建立施工测量、监控系统。

3 施工准备：临建搭设；施工人员、施工作业协调安排；施工排摸；工程设备、主材准备；强弱电系统、消防排水系统等的切换。

4 施工管理：施工手续办理；质量、安全、环境、技术管理制度制订；隧道出入口临时交通组织与导改；大修公示和宣传。

10.1.4 各专业以及各系统施工、安装时，应严格按国家或行业的施工和验收规范要求进行，并加强施工技术检测。

10.2 施工筹划与管理

10.2.1 施工准备期应先对该落实的各种准备子项，以任务图的形式，落实到具体责任人，并给出相应的时间节点要求。

10.2.2 根据大修施工流程，将隧道横断面从上到下的作业分区、各专业修缮工作沿隧道纵向的流水展开、所有作业点的时间安排进行整合，形成综合的包含作业点里程、位置、大修内容、时间的四维施工总体筹划图。

10.2.3 采用信息化手段推动大修施工技术管理，进行施工模拟及虚拟验收，及早发现筹划之中的矛盾、不足，予以修改、完善、细化，保证施工能快速、顺利进展。

10.2.4 对改扩建及风险较大的大修分项工程，应编制专项的施工方案。

10.2.5 落实大修快速施工措施，宜研制、开发适用于隧道内作业环境的专项施工装备。

10.3 大修施工过程技术管理要点

10.3.1 根据大修施工的特殊性，应制订大修标准化施工流程（见本标准附录 K）及大修管理方法。

10.3.2 应采取降尘、降噪、减排等标准化措施，控制施工粉尘、噪音、废弃物（拆除废弃物、油污等）对周边环境及隧道内施工人员产生的不利影响。

10.3.3 对施工中可能出现的安全隐患，应在风险评估的基础上，制订控制和预防措施。落实质量控制、安全管理、文明施工措施。

10.3.4 大修施工宜编制细化的分级进度计划进行管控，以总体进度网络计划为纲，拆分成月计划、周计划、日计划，形成日计划反馈制度并落实到责任人，确保质量、进度执行的标准化。

10.3.5 应制订防灾安全措施,保证消防车道的畅通。

10.3.6 应注意隧道大修施工对相邻运营隧道的影响,包括结构、机电系统等,应编制相关专项方案以确保运营隧道的安全。

10.3.7 在堵漏施工完成后,应连续观察 24 h,以确认施工效果。达不到要求的,应立即重新施作。

10.3.8 施工中应采取措施,确保原有结构健康监测测点的完好无损,如有损坏,要及时做好更换与监测数据的转换,并按设计要求,可靠增设新测点。

10.4 大修竣工验收和设备调试

10.4.1 大修施工单位作为施工质量的控制主体,应对大修工程施工质量进行全面、全过程控制。工程竣工时,应按大修设计内容、要求进行竣工验收。

10.4.2 土建结构大修竣工验收可按照现行国家标准《盾构法隧道施工及验收规范》GB 50446、《沉管法隧道施工与质量验收规范》GB 51201 及现行上海市工程建设规范《隧道工程防水技术规程》DG/TJ 08—50 的规定执行。

10.4.3 隧道机电设施各子系统大修后宜在测试、调试的基础上,再对系统集成后的性能指标进行综合测试,并检测各子系统间的联动功能。验收可按照现行上海市工程建设规范《道路隧道机电设备安装工程施工质量验收规范》DG/TJ 08—112 的规定执行。

10.4.4 隧道道路路面大修后的验收可按照现行地方标准《公路路面养护技术规范》DB31/T 489 及上海市工程建设规范《城市道路养护技术规程》DG/TJ 08—92 的规定执行。

11 隧道大修后评估

11.1 一般规定

11.1.1 大修后评估由检测和评估两部分内容组成。宜在大修竣工、隧道恢复正常运营半年到一年、日常健康监测中相关数据基本稳定后进行。

11.1.2 大修后隧道服役性能评估，应以大修设计文件相关要求为准。机电设施在有条件的情况下宜满足现行规范要求。

11.2 大修后评估工作流程

11.2.1 大修后评估是在综合分析大修前、后隧道服役性能变化、改善的基础上，再结合隧道大修资料及隧道恢复再运营后的健康监测及日常养护资料，参照相关规范、标准开展的评估工作，主要工作流程如图 11.2.1 所示。

11.3 结构大修后评估

11.3.1 结构后评估检测区段的确定主要针对大修工作范围。即大修中的结构加强段、改造段、重点维修段、病害重点处理段。检测范围宜向正常段作适当的扩展、延伸。

11.3.2 检测项目、内容可与隧道大修前一致。测点包括原隧道内已有的健康监测测点及大修中新增加测点。

11.3.3 评估应以大修后结构服役性能检测资料为基础，结合大

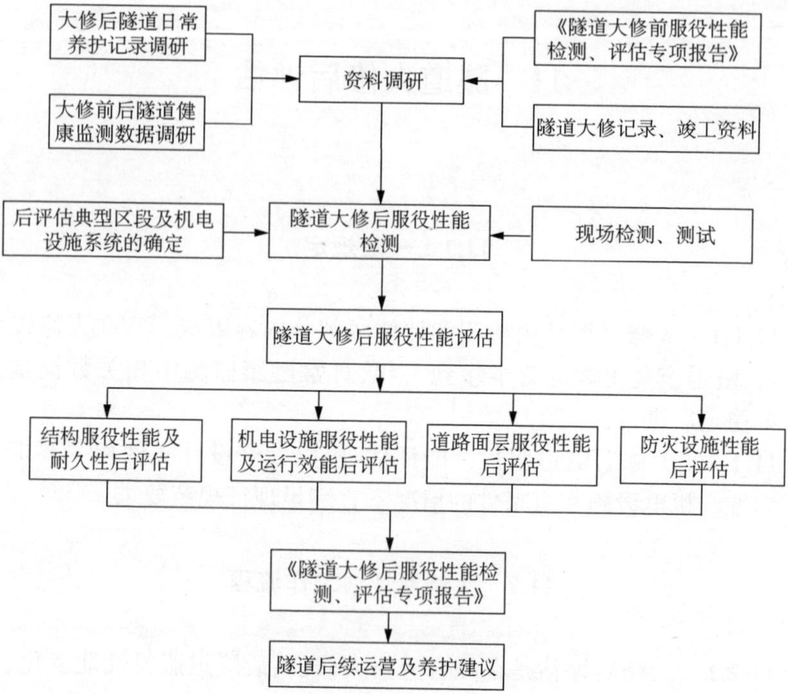

图 11.2.1 隧道大修后评估工作流程

修竣工资料、日常运营监测资料，采用与大修前相同的评价方法和指标体系进行。

11.3.4 后评估应根据大修前、后结构承载力、变形、渗漏、耐久性等性能的变化、改善提出评估结论，并对结构服役性能、大修后使用年限作出评估。

11.4 道路面层大修后评估

11.4.1 道路面层大修后评估应根据道路面层大修设计确定监测范围。

11.4.2 后评估应对大修段路面结构的面层厚度（cm）、压实度（%）、渗水系数（ml/min）、沟槽深度（mm）、摆值（BPN）或横向力系数 SFC 进行检测，并按大修设计要求进行评定。

11.4.3 按现行上海市工程建设规范《城市道路养护技术规程》DG/TJ 08—92 及上海市地方标准《公路路面养护技术规范》DB31/T 489 进行评估。

11.5 机电设施大修后评估

11.5.1 机电设施大修后评估，应针对大修中进行了设备系统、运行模式改造的各分系统进行。并对增加环保、节能和新技术应用的部分进行评估。

11.5.2 后评估应根据大修后工程条件、设计标准的变化对大修后机电设施运营效果进行相应的检测、测试，并就满足大修设计要求及相应的技术、经济效应进行评估。

11.5.3 隧道大修后机电设施、运行效果检测、测试的主要项目、内容应符合以下要求：

1 通风系统：对运营中的隧道进行不同工况下隧道内及洞口污染物浓度、隧道内能见度检测。

2 照明系统：检测基本照明和应急照明的路面光亮度指标，含路面亮（照）度、亮（照）度总均匀度、亮度纵向均匀度，以及照明供电设备系统运行的稳定、可靠性。

3 弱电系统：对交通监控、设备监控、视频监控、有线电话、有线广播、无线通信、火灾自动报警、监控电源、中央控制等系统进行设备的运行状况和系统功能检测。

4 给排水消防系统：对排水系统、消火栓系统、水喷雾或泡沫水喷雾系统、灭火器、消防水源等进行检测，并宜通过消防系统联动测试检测其运行效果。

5 供配电系统：对高压断路器柜、高压互感器与避雷器柜、高压计量柜、电力电容器柜、高压隔离开关和负荷开关、电力变压器、低压开关柜、电力线缆、综合微机保护装置、直流屏、EPS电缆、防雷接地装置等设施的运行状况和指标进行检测。综合评估电气系统的可靠性、稳定性、速动性及自动化水平。

附录 A　隧道结构服役性能检测主要内容

表 A　隧道结构服役性能检测主要内容

检测项目[1]				检测内容
结构检测	结构变形形态检测	隧道线形高程检测		隧道中线位置、路面高度，路面纵、横坡度测量
		隧道横断面测量		盾构段——隧道直径、断面形态、收敛量；沉管段、明挖矩形段——断面收敛变形
		净空变化检测		隧道内壁间距测量（与设计断面比较）
	混凝土剥落、开裂检测	位置、形态		裂缝位置、形态、方向；混凝土剥落和露筋的位置、形态、面积
		病害性状		裂缝的宽度、长度、深度，混凝土剥落深度、面积；露筋长度、钢筋锈蚀状况
	渗漏检测	渗漏水调查		渗漏位置、类型、程度[2]，水量、浑浊程度
		漏水检测		渗漏点、水温、pH 值、水质化学分析
	钢结构锈蚀检测			结构面生锈、脱皮、坑蚀以及焊缝受损状况
	结构连接检测	结构连接构造、连接件	盾构段	盾构段——环缝和纵缝的张角、错台、渗漏；注浆孔的封堵；连接螺栓、紧固件的缺失、受损与锈蚀检测
			沉管段	沉管段——管节间接缝的最大张开量、最小压缩量、错台量；相对三向位移量；Ω 橡胶止水带的变形、破损、渗漏。固定安装件的工作性状——变形、破损、渗漏，接头内的水压力及变化；剪力键相对位置、自身的破损或锈蚀；其他连接构件的工作性状
			明挖段	明挖矩形段——变形缝的缝宽、错台、渗漏
	隧道内附属结构检测	风道、吊顶结构		风道板、吊顶的变形、开裂、渗漏以及吊杆、预埋件桥架等悬吊结构受损、锈蚀
		防火板、内装修		防火板变形、破损、掉落、渗漏，内装饰板或瓷砖变形、破损、脱落
		排水设施		设施结构变形、破损、阻塞、溢水

续表 A

检测项目[1]			检测内容
结构检测	隧道结构材料力学性能测试	混凝土	成分、力学指标、碳化程度
		钢筋	成分、力学指标、锈蚀程度(面积、深度)
		钢材	成分、力学指标、锈蚀程度(面积、深度)
		止水条	成分、力学指标、老化程度
隧道使用条件检测	地面高程		隧道沿线地面高程相对设计设定标准的变化,尤其江中段河床的冲淤变化及发展趋势
	渗入水、流入泥土		水质、泥沙颗粒
	隧道内通行车辆		交通量、车种比例、超重等
	附加荷载		地面大面积堆载、大范围卸载的荷载性质、范围、量值
	附加影响		邻近工程影响、环境等级要求
	环境作用等级		隧道内、隧道洞口的环境条件及作用等级要求的变化

注:1. 根据隧道内病害的实际情况,展开相应检测工作内容。

2. 表中渗漏类型程度的计量单位:湿渍(m^2)、渗水(m^2)、水珠(s/滴)、滴漏(滴/min)、线漏(L/min, L/h)。

附录 B　结构构件及连接承载能力验算

B.0.1　结构构件及连接的安全性，以其承载能力可靠性表征，对混凝土结构、钢结构承载能力可分别按现行国家标准《混凝土结构设计规范》GB 50010、《钢结构设计规范》GB 50017 中承载能力极限状态设计表达式进行计算。

B.0.2　结构构件及连接承载能力极限状态的安全控制指标，应按式(B.0.2)计算：

$$[\alpha]=\frac{R_j}{\gamma_0 S_j} \tag{B.0.2}$$

式中：$[\alpha]$——构件及连接安全性控制指标；

γ_0——结构重要性系数，结构安全等级为一级的取 1.1，其他取 1.0；

S_j——按现状环境调查或检测核实的荷载条件，确定的承载能力极限状态荷载基本组合的效应设计值；

R_j——按检测推定的混凝土、钢筋等材料性能指标，确定的结构构件及连接的抗力设计值。

附录 C 结构连接允许变形量参考值

表 C 结构连接允许变形量参考值

结构类型	盾构段				沉管段				明挖矩形段	
接缝类型	环缝(环间)		纵缝(块间)		管节接头缝				变形缝	
	[δ]	[Δ]	[δ]	[Δ]	[δ_L]$_{max}$ 1	[δ_L]$_{min}$	[Δ_h] 2	[Δ_b] 2	[δ]	[Δ]
允许变形参考量(mm)	4~8	5~12	4~8	5~12	注 1	注 1	12~20	4~8	0~10	4~8

注:1. [δ_L]$_{max}$、[δ_L]$_{min}$分别为管节接头部位在隧道轴线方向上允许的最大压缩量和最小压缩量;具体取值应根据 GINA 橡胶止水带的构造型式、原始高度、材质等,由供应商提供经试验和设计院确认的在工程河段最大水压下不损坏、不渗漏的设计控制值而定。即允许的最大压缩量为由供应商经试验确认的 GINA 止水带不损坏的压缩量,允许的最小压缩量为由设计单位根据供应商提供的 GINA 止水带压缩曲线,按最不利工况下确保不发生渗漏计算所需的压缩量。

2. [Δ_h]、[Δ_b]分别为管节接头部位竖直方向和水平方向允许错台量。

附录 D　隧道结构区段相对变形控制指标

D.0.1　本标准中盾构段、沉管段、明挖矩形段横断面的相对变形允许值分别以$[\mu_1]$、$[\mu_2]$、$[\mu_3]$表示，盾构段隧道纵断面的相对变形允许值以$[k]$表示。

D.0.2　盾构段横断面的直径收敛即相对变形允许值$[\mu_1]$按式(D.0.2)计算：

$$[\mu_1]=\frac{\Delta D}{D} \tag{D.0.2}$$

式中：$[\mu_1]$——盾构段横断面的相对变形允许值，应不大于3‰～5‰，可根据隧道类型、衬砌环连接构造型式选取；

D——衬砌环设计外径；

ΔD——衬砌环外径变化量的绝对值。

D.0.3　沉管段、矩形明挖段横断面的相对变形允许值$[\mu_2]$、$[\mu_3]$按式(D.0.3)计算：

$$[\mu_2]=[\mu_3]=\frac{\Delta f}{l_0} \tag{D.0.3}$$

式中：$[\mu_2]$——横断面的相对变形允许值，应不大于2‰～3‰；

Δf——横断面顶板(底板)挠度值；

l_0——顶板(底板)计算跨度。

D.0.4　盾构段纵断面的相对变形允许值$[k]$按式(D.0.4)计算：

$$[k]=\frac{|y''|}{[1+(y')^2]^{\frac{3}{2}}} \tag{D.0.4}$$

式中：$[k]$——盾构段隧道纵断面相对变形允许值，应不大于 1/12 000；

y'——纵向变形曲线对里程的一阶导数；

y''——纵向变形曲线对里程的二阶导数。

D.0.5 沉管段纵断面的相对变形允许值以管节间接头最大压缩量、最小压缩量、最大错台量(详见本标准附录 C)控制。

D.0.6 明挖矩形段纵断面的相对变形量以变形缝处的最大张开量、错位量控制，详见本标准附录 C。

附录 E 路面破损类型、定义及分级指标

表 E 路面破损类型、定义及分级指标

损坏类型		定义	分级指标	
			R_E	R_W
裂缝类	纵向裂缝	缝宽、裂缝壁有散落、有支缝	主要缝宽：>3 mm，≤4 mm	主要缝宽：>4 mm
	横向裂缝	缝宽、裂缝贯通整个路面，裂缝壁有散落并伴有少量支缝	主要缝宽：>3 mm，≤4 mm	主要缝宽：>4 mm
松散类	坑槽	坑深、面积较大	有效坑槽面积：>0.1 m^2，≤0.2 m^2	有效坑槽面积：>0.2 m^2
	松散	路面粗集料散失、脱皮、麻面、露骨、表面剥落，有小坑洞	>0.05 m^2，≤0.1 m^2	>0.1 m^2
变形类	沉陷	路面局部下沉深度深，正常行车有感觉	深度：>25 mm，≤35 mm	深度：>35 mm
	车辙	轮迹处辙槽较深	深度：>15 mm，≤20 mm	深度：>20 mm
	波浪拥包	波峰波谷高差大	高差：>25 mm，≤35 mm	高差：>35 mm
其他类	泛油	路面沥青被挤出或表面被沥青膜覆盖形成发亮的薄油层	行车时出现轮迹	路面已形成软层
	修补	龟裂、坑槽、松散、沉陷、车辙等修补范围较大	整车道修补长度：>50 m，≤60 m	整车道修补长度：>60 m

附录F 机电设施分项检测主要内容及故障评价标准

表F 机电设施分项检测主要内容及故障评价标准

<table>
<tr><th>机电设施系统</th><th>重要性等级</th><th>检测项目</th><th>检测内容</th><th>检测要求、方法</th><th>故障评价标准</th></tr>
<tr><td rowspan="6">通风系统</td><td>A</td><td>风机(轴流风机、射流风机、离心风机)</td><td>各风机启动试运转、风量、风压、噪声、启动时间、启动电流</td><td>全数检测</td><td rowspan="3">设计要求</td></tr>
<tr><td>B</td><td>阀门</td><td>阀门工作和开启状况</td><td>全数检测</td></tr>
<tr><td rowspan="4">C</td><td>消声器</td><td>外观、穿孔板、消声体状态</td><td>全数检测</td></tr>
<tr><td>管道、吊架、支座</td><td>松动、腐蚀现象</td><td>抽查30%</td><td rowspan="3">损坏与否</td></tr>
<tr><td>风机支吊架</td><td>牢固、松紧、腐蚀状况</td><td rowspan="2">全数检测</td></tr>
<tr><td>扩管和软接头</td><td>牢固、松紧、腐蚀状况</td></tr>
<tr><td rowspan="6">照明系统</td><td rowspan="3">A</td><td>自动补偿交流稳压器</td><td>输出电压、绝缘</td><td>绝缘特性试验</td><td rowspan="3">设计要求
使用性能</td></tr>
<tr><td>照明配电箱</td><td>断路器、熔断器</td><td rowspan="2">全数检测</td></tr>
<tr><td>照明控制柜</td><td>断路器、控制单元、开关控制功能、信息反馈功能</td></tr>
<tr><td rowspan="2">B</td><td>隧道灯具</td><td>单灯亮度、绝缘、密封性、防护等级</td><td>每100 m区段随机选择三套服役的隧道灯具送第三方检测机构进行检测</td><td>设计要求</td></tr>
<tr><td>路灯</td><td>单灯亮度、绝缘、密封性、防护等级</td><td>全数检测</td><td>设计要求</td></tr>
<tr><td>C</td><td>照明线路</td><td>绝缘、耐压</td><td>抽查10%</td><td>设计要求</td></tr>
</table>

续表F

机电设施系统	重要性等级	检测项目	检测内容	检测要求、方法	故障评价标准
弱电系统	A	路由器、网络交换机	吞吐率、包转发率、传输时延、丢包率、背对背帧数、路由信息维护功能	全数检测	设计要求使用性能
		光端机	发送光功率、光接收灵敏度、传输误码率		
		服务器、工作站	网管、数据备份、资源共享功能	实际操作 模拟操作	
			信息发布功能		
			设备运行状态监控功能		
			图像切换、控制功能；录像检索、回放功能		
			音源切换、音区控制、监听功能		
			控制预案执行功能		
			统计、查询、打印报表功能		
		区域控制器	对所辖区域内下端设备控制功能、与监控中心计算机通信功能、本地控制功能、数据传输误码率	实际操作 全数检测	
		程控交换机	分机功能、优先级呼叫功能、调度功能、会议电话功能、网络管理功能、录音功能	全数检测	

续表 F

机电设施系统	重要性等级	检测项目	检测内容	检测要求、方法	故障评价标准
弱电系统	A	无线信号收发装置(基地台、中转台、手持台、漏泄同轴电缆)	发射功率、接收灵敏度、通话功能;漏缆(特性阻抗、电压驻波比、耦合损耗、传输衰减)	全数检测	设计要求使用性能
		UPS 电源装置	旁路逆变转换功能,市电电池转换功能,电池组放电、浮充性能		
	B	车道指示器、可变信息标志、可变限速标志	显示屏平均亮度、视认距离、显示内容、数据传输性能		
		交通信息检测设备	交通参数检测误差、数据传输性能、交通事件检测功能		
		监控摄像机	监视范围;自动光圈调节功能;调焦功能;云台水平、垂直转动角度		
		紧急电话	分机呼叫主机功能、话音质量		
		环境监测设备	数据采集功能、环境参数检测误差、数据传输性能		
		墙屏显示系统	亮度、窗口缩放功能、多视窗显示功能、切换控制功能		

续表 F

机电设施系统	重要性等级	检测项目	检测内容	检测要求、方法	故障评价标准
弱电系统	C	线槽、线缆保护管	外表有无变形、断开；各部件连接是否紧固；有无腐蚀；接地是否良好	抽查 10%	设计要求使用性能
		光缆、电缆	光纤接头损耗平均值、光纤总损耗、电缆绝缘电阻		
给排水系统	A	排水泵房	各排水泵启动试运转、流量、压力；水位仪工作状态、水位测量误差	全数检测	设计要求使用性能
	B	排水管道、收水设施	管道支座、吊架固定状态	抽查 30%	
			管道伸缩、横向位移、同轴度	全数检测	
			管道伸缩器、金属软管、倒流防止过滤器、管道接口渗漏		
	C	阀门及附属管件	阀门完好度、开启状况	全数检测	
供电系统	A	高压断路器柜	断路器分/合时间、动静触头、机械闭锁、真空泡	全数检测	设计要求
		高压互感器与避雷器柜	电流/电压互感器、避雷器、隔离触头		
		高压隔离开关和负荷开关柜	动静触头、灭弧装置、操动机构		
		35 kV 及 10 kV 变压器	局放、噪声		
		低压开关柜	母排、断路器、接触器、互感器、熔断器、继电器		

续表 F

机电设施系统	重要性等级	检测项目		检测内容	检测要求、方法	故障评价标准
供电系统	A	动力配电箱(柜)		转换机构及切换时间、控制器、接触器、热继电器、软启动器	全数检测	设计要求
		继电保护及测控装置		时钟、保护开入/开出准确性		
		交直流电源屏		断路器、接触器、蓄电池		
	B	箱式变电站		耐压、噪声	全数检测	
		电容器柜		电容器、接触器、电抗器、熔断器、控制器		
		电力电缆		电缆耐压及电缆头的外观、耐压	抽查 10%	
	C	高压计量柜		互感器、表计	全数检测	
		防雷与接地装置		浪涌保护器(SPD)、防雷与接地装置的紧固及连接部件		
		桥/支架、托架及槽盒		外表腐蚀、紧固或连接部件腐蚀/松动	抽查 10%	损坏与否
防灾系统	A	建筑防火安全疏散		防火墙有无腐蚀及损伤,防火门、防火卷帘装置及启闭状态	全数检查	设计要求
				下滑逃生口盖板及开启装置	全数检查	使用性能
	A	消防灭火装置	消火栓系统	泵组、管道、消火栓箱、阀门、附属管件有无腐蚀及损伤、消火栓效能检测	全数检测(管道抽查 30%)	设计要求 使用性能
			水喷雾系统、泡沫水喷雾系统	泵组(水喷雾、泡沫)、管道、控制阀箱、喷头、液罐、流量开关、压力开关、阀门检查,喷雾效能检测	全数检测(管道抽查 30%)	
			灭火器	灭火器检查	全数检查	使用性能
	B		排水接管	渗漏、腐蚀	全数检查	损坏与否

续表 F

机电设施系统	重要性等级	检测项目		检测内容	检测要求、方法	故障评价标准
防灾系统	A	防排烟和事故通风	加压、补风风机	加压、补风风机、风阀消音器	全数检测	设计要求
			排烟风机	射流风机、排烟风机、风阀消声器	全数检测	设计要求
			送风口、排烟口	启闭控制	全数检测	设计要求
	A	火灾自动报警及火灾联动	火灾探测器	探测器灵敏度	模拟测试	设计要求
			手动火灾报警按钮	报警信号输出功能		
			火灾声光警报器	声光警报保持功能、声压级	全数检测	
			火灾自动报警及消防联动控制器	报警响应时间、报警信息显示功能、联动控制功能、故障报警功能	模拟测试	
			消防专用电源	双电源自动切换功能；市电逆变切换功能；电池放电、浮充性能；开关电源输出电压	全数检测	
	A	防灾通信	消防专用电话	通话呼叫功能、呼叫位置信息显示功能、振铃响应功能、自动录音功能	实际操作	设计要求
			消防应急广播	广播音量、广播声音质量、音区切换功能		

续表 F

机电设施系统	重要性等级	检测项目		检测内容	检测要求、方法	故障评价标准
防灾系统	A	防灾用电、应急照明	消防专用电源	应急电源装置 EPS、UPS、集中电源测试	全数检测	设计要求
			防淹和事故风机配电箱(柜)	双电源切换装置、控制器、接触器、热继电器、软启动器	全数检测	设计要求 使用性能
			消火栓/泵配电箱(柜)	双电源切换装置、控制器、接触器、热继电器	全数检测	设计要求 使用性能
	B		灯光疏散指示标志	表面亮度、应急转换时间及放电时间	全数检测	设计要求
			应急照明灯具	单灯亮度、绝缘、防护等级	全数检测	设计要求
	C		电力线缆、桥架	安装部位有无松动、腐蚀	抽查 10%	使用性能

注:表中的重要性等级仅对该系统内部而言,以对应的不同权重来表征各项指标在评价体系中的重要性程度。

附录 G　设备故障的考核单位及故障率统计

表 G　设备故障的考核单位及故障率统计

序号	机电设施项	重要性等级[1]	检测项目内容	计量单位	统计资料：检测数	统计资料：故障数[2]	故障率统计计算：故障率平均数[3]	故障率统计计算：权重	故障率统计计算：分项故障率统计
1	通风系统	A	风机（轴流风机、射流风机、离心风机）	台	$T_{1\text{-}1}$	$F_{1\text{-}1}$	η_{1A}	0.7	$\eta_1=\eta_{1A}\times0.7+\eta_{1B}\times0.2+\eta_{1C}\times0.1=\frac{F_{1\text{-}1}}{T_{1\text{-}1}}\times0.7+\frac{F_{1\text{-}2}}{T_{1\text{-}2}}\times0.2+\frac{\sum_{i=1}^{4}F_{1\text{-}3\text{-}i}}{\sum_{i=1}^{4}T_{1\text{-}3\text{-}i}}\times0.1$
		B	阀门	台	$T_{1\text{-}2}$	$F_{1\text{-}2}$	η_{1B}	0.2	
		C	消声器	台	$T_{1\text{-}3\text{-}1}$	$F_{1\text{-}3\text{-}1}$	η_{1C}	0.1	
			管道、吊架、支座	处	$T_{1\text{-}3\text{-}2}$	$F_{1\text{-}3\text{-}2}$			
			风机支吊架	组	$T_{1\text{-}3\text{-}3}$	$F_{1\text{-}3\text{-}3}$			
			扩管和软接头	组	$T_{1\text{-}3\text{-}4}$	$F_{1\text{-}3\text{-}4}$			
2	照明系统	A	自动补偿交流稳压器	台	$T_{2\text{-}1\text{-}1}$	$F_{2\text{-}1\text{-}1}$	η_{2A}	0.7	$\eta_2=\eta_{2A}\times0.7+\eta_{2B}\times0.2+\eta_{2C}\times0.1=\frac{\sum_{i=1}^{3}F_{2\text{-}1\text{-}i}}{\sum_{i=1}^{3}T_{2\text{-}1\text{-}i}}\times0.7+\frac{\sum_{i=1}^{2}F_{2\text{-}2\text{-}i}}{\sum_{i=1}^{2}T_{2\text{-}2\text{-}i}}\times0.2+\frac{F_{2\text{-}3}}{T_{2\text{-}3}}\times0.1$
			照明配电箱	只	$T_{2\text{-}1\text{-}2}$	$F_{2\text{-}1\text{-}2}$			
			照明控制柜	台	$T_{2\text{-}1\text{-}3}$	$F_{2\text{-}1\text{-}3}$			
		B	隧道灯具	套	$T_{2\text{-}2\text{-}1}$	$F_{2\text{-}2\text{-}1}$	η_{2B}	0.2	
			路灯	套	$T_{2\text{-}2\text{-}2}$	$F_{2\text{-}2\text{-}2}$			
		C	照明线路	条	$T_{2\text{-}3}$	$F_{2\text{-}3}$	η_{2C}	0.1	

续表 G

序号	机电设施项	重要性等级[1]	检测项目内容	计量单位	统计资料		故障率统计计算		
					检测数	故障数[2]	故障率平均数[3]	权重	分项故障率统计
3	弱电系统	A	路由器	套	$T_{3\text{-}1\text{-}1}$	$F_{3\text{-}1\text{-}1}$	η_{3A}	0.7	$\eta_3=\eta_{3A}\times0.7+\eta_{3B}\times0.2+\eta_{3C}\times0.1$ $=\frac{\sum_{i=1}^{8}F_{3\text{-}1\text{-}i}}{\sum_{i=1}^{8}T_{3\text{-}1\text{-}i}}\times0.7+\frac{\sum_{i=1}^{9}F_{3\text{-}2\text{-}i}}{\sum_{i=1}^{9}T_{3\text{-}2\text{-}i}}\times0.2+\frac{F_{i=1}^{2}F_{3\text{-}3\text{-}i}}{F_{i=1}^{2}T_{3\text{-}3\text{-}i}}\times$ 0.1
			网络交换机	套	$T_{3\text{-}1\text{-}2}$	$F_{3\text{-}1\text{-}2}$			
			服务器、工作站	套	$T_{3\text{-}1\text{-}3}$	$F_{3\text{-}1\text{-}3}$			
			光端机	套	$T_{3\text{-}1\text{-}4}$	$F_{3\text{-}1\text{-}4}$			
			区域控制器	套	$T_{3\text{-}1\text{-}5}$	$F_{3\text{-}1\text{-}5}$			
			程控交换机	套	$T_{3\text{-}1\text{-}6}$	$F_{3\text{-}1\text{-}6}$			
			无线信号收发装置	套	$T_{3\text{-}1\text{-}7}$	$F_{3\text{-}1\text{-}7}$			
			UPS 电源装置	套	$T_{3\text{-}1\text{-}8}$	$F_{3\text{-}1\text{-}8}$			
		B	车道指示器	套	$T_{3\text{-}2\text{-}1}$	$F_{3\text{-}2\text{-}1}$	η_{3B}	0.2	
			可变信息标志	套	$T_{3\text{-}2\text{-}2}$	$F_{3\text{-}2\text{-}2}$			
			可变限速标志	套	$T_{3\text{-}2\text{-}3}$	$F_{3\text{-}2\text{-}3}$			
			车辆检测器	套	$T_{3\text{-}2\text{-}4}$	$F_{3\text{-}2\text{-}4}$			
			监控摄像机	套	$T_{3\text{-}2\text{-}5}$	$F_{3\text{-}2\text{-}5}$			
			紧急电话	台	$T_{3\text{-}2\text{-}6}$	$F_{3\text{-}2\text{-}6}$			
			环境监测设备	套	$T_{3\text{-}2\text{-}7}$	$F_{3\text{-}2\text{-}7}$			
			视频交通事件检测器	套	$T_{3\text{-}2\text{-}8}$	$F_{3\text{-}2\text{-}8}$			
			墙屏显示系统	套	$T_{3\text{-}2\text{-}9}$	$F_{3\text{-}2\text{-}9}$			
		C	线槽、线缆保护管	条	$T_{3\text{-}3\text{-}1}$	$F_{3\text{-}3\text{-}1}$	η_{3C}	0.1	
			光缆、电缆	条	$T_{3\text{-}3\text{-}2}$	$F_{3\text{-}3\text{-}2}$			

续表 G

序号	机电设施项	重要性等级[1]	检测项目内容	计量单位	统计资料		故障率统计计算		
					检测数	故障数[2]	故障率平均数[3]	权重	分项故障率统计
4	给排水系统	A	主排水泵	台	$T_{4\text{-}1}$	$F_{4\text{-}1}$	η_{4A}	0.7	$\eta_4=\eta_{4A}\times0.7+\eta_{4B}\times0.2+\eta_{4C}\times0.1$ $=\frac{F_{4\text{-}1}}{T_{4\text{-}1}}\times0.7+\frac{F_{4\text{-}2}}{T_{4\text{-}2}}\times0.2+\frac{F_{4\text{-}3}}{T_{4\text{-}3}}\times0.1$
		B	排水管道、收水设施	20 m长为一检查段	$T_{4\text{-}2}$	$F_{4\text{-}2}$	η_{4B}	0.2	
		C	阀门及附属管件	只	$T_{4\text{-}3}$	$F_{4\text{-}3}$	η_{4C}	0.1	
5	供电系统	A	高压断路器柜	台	$T_{5\text{-}1\text{-}1}$	$F_{5\text{-}1\text{-}1}$	η_{5A}	0.7	$\eta_5=\eta_{5A}\times0.7+\eta_{5B}\times0.2+\eta_{5C}\times0.1$ $=\frac{\sum_{i=1}^{8}F_{5\text{-}1\text{-}i}}{\sum_{i=1}^{8}T_{5\text{-}1\text{-}i}}\times0.7+\frac{\sum_{i=1}^{3}F_{5\text{-}2\text{-}i}}{\sum_{i=1}^{3}T_{5\text{-}2\text{-}i}}\times0.2+\frac{\sum_{i=1}^{3}F_{5\text{-}3\text{-}i}}{\sum_{i=1}^{3}T_{5\text{-}3\text{-}i}}\times0.1$
			高压互感器与避雷器柜	台	$T_{5\text{-}1\text{-}2}$	$F_{5\text{-}1\text{-}2}$			
			高压隔离开关和负荷开关柜	台	$T_{5\text{-}1\text{-}3}$	$F_{5\text{-}1\text{-}3}$			
			35 kV 及 10 kV 变压器	台	$T_{5\text{-}1\text{-}4}$	$F_{5\text{-}1\text{-}4}$			
			低压开关柜	台	$T_{5\text{-}1\text{-}5}$	$F_{5\text{-}1\text{-}5}$			
			动力配电箱(柜)	台	$T_{5\text{-}1\text{-}6}$	$F_{5\text{-}1\text{-}6}$			
			继电保护及测控装置	台	$T_{5\text{-}1\text{-}7}$	$F_{5\text{-}1\text{-}7}$			
			交直流电源装置	台	$T_{5\text{-}1\text{-}8}$	$F_{5\text{-}1\text{-}8}$			

续表 G

序号	机电设施项	重要性等级[1]	检测项目内容	计量单位	统计资料		故障率统计计算		
					检测数	故障数[2]	故障率平均数[3]	权重	分项故障率统计
5	供电系统	B	箱式变电站	台	$T_{5\text{-}2\text{-}1}$	$F_{5\text{-}2\text{-}1}$	η_{5B}	0.2	
			电容器柜	台	$T_{5\text{-}2\text{-}2}$	$F_{5\text{-}2\text{-}2}$			
			电力电缆	根	$T_{5\text{-}2\text{-}3}$	$F_{5\text{-}2\text{-}3}$			
		C	高压计量柜	台	$T_{5\text{-}3\text{-}1}$	$F_{5\text{-}3\text{-}1}$	η_{5C}	0.1	
			防雷与接地装置	处	$T_{5\text{-}3\text{-}2}$	$F_{5\text{-}3\text{-}2}$			
			桥/支架、托架及槽盒	30 m长为一检查段	$T_{5\text{-}3\text{-}3}$	$F_{5\text{-}3\text{-}3}$			
6	防灾系统	A	防火墙、防火门、防火卷帘	座	$T_{6\text{-}1\text{-}1}$	$F_{6\text{-}1\text{-}1}$	η_{6A}	0.7	$\eta_6=\eta_{6A}\times0.7+\eta_{6B}\times0.2+\eta_{6C}\times0.1$ $=\frac{\sum_{i=1}^{12}F_{6\text{-}1\text{-}i}}{\sum_{i=1}^{12}T_{6\text{-}1\text{-}i}}\times0.7+\frac{\sum_{i=1}^{7}F_{6\text{-}2\text{-}i}}{\sum_{i=1}^{7}T_{6\text{-}2\text{-}i}}\times0.2+\frac{F_{6\text{-}3\text{-}1}}{T_{6\text{-}3\text{-}1}}\times0.1$
			消火栓箱、水喷雾箱、泡沫水喷雾箱、灭火器	只	$T_{6\text{-}1\text{-}2}$	$F_{6\text{-}1\text{-}2}$			
			排烟风机	台	$T_{6\text{-}1\text{-}3}$	$F_{6\text{-}1\text{-}3}$			
			排烟口	只	$T_{6\text{-}1\text{-}4}$	$F_{6\text{-}1\text{-}4}$			
			火灾报警控制器	套	$T_{6\text{-}1\text{-}5}$	$F_{6\text{-}1\text{-}5}$			
			线型火灾探测器	条	$T_{6\text{-}1\text{-}6}$	$F_{6\text{-}1\text{-}6}$			

续表 G

序号	机电设施项	重要性等级[1]	检测项目内容	计量单位	统计资料		故障率统计计算		
					检测数	故障数[2]	故障率平均数[3]	权重	分项故障率统计
6	防灾系统	A	点型火灾探测器	个	$T_{6\text{-}1\text{-}7}$	$F_{6\text{-}1\text{-}7}$			
			消防广播功率放大器	台	$T_{6\text{-}1\text{-}8}$	$F_{6\text{-}1\text{-}8}$			
			消防专用电话	项	$T_{6\text{-}1\text{-}9}$	$F_{6\text{-}1\text{-}9}$			
			消防专用电源	套	$T_{6\text{-}1\text{-}10}$	$F_{6\text{-}1\text{-}10}$			
			防排烟和事故风机配电箱(柜)	套	$T_{6\text{-}1\text{-}11}$	$F_{6\text{-}1\text{-}11}$			
			消火栓/泵配电箱(柜)	套	$T_{6\text{-}1\text{-}12}$	$F_{6\text{-}1\text{-}12}$			
		B	下滑逃生口盖板及开启装置	处	$T_{6\text{-}2\text{-}1}$	$F_{6\text{-}2\text{-}1}$	η_{6B}	0.2	
			排水接管	条	$T_{6\text{-}2\text{-}2}$	$F_{6\text{-}2\text{-}2}$			
			灯光疏散指示标志	套	$T_{6\text{-}2\text{-}3}$	$F_{6\text{-}2\text{-}3}$			
			应急照明灯具	套	$T_{6\text{-}2\text{-}4}$	$F_{6\text{-}2\text{-}4}$			
			手动火灾报警按钮	个	$T_{6\text{-}2\text{-}5}$	$F_{6\text{-}2\text{-}5}$			
			火灾声光警报器	个	$T_{6\text{-}2\text{-}6}$	$F_{6\text{-}2\text{-}6}$			
			扬声器	个	$T_{6\text{-}2\text{-}7}$	$F_{6\text{-}2\text{-}7}$			
		C	电力线缆、桥架	只	$T_{6\text{-}3\text{-}1}$	$F_{6\text{-}3\text{-}1}$	η_{6C}	0.1	

注：1. 表中各重要性等级对应的权重是根据检测对象的重要性、作用提出的。
2. 故障数计算时，包含有故障无法正常运营的，以及短期内连续维修、更换部件而不能奏效的。
3. 故障率平均数是按同一设施中同一重要性等级内统计得出的故障数之和/检测数之和。

附录H　机电设施故障率控制标准及分项权重

表H-1　机电设施各分项故障率控制标准

分项	技术状况评定值	
	S_E(恶化)	S_W(危险)
通风系统	$15\% \leqslant \eta_{E_1} < 20\%$	$\eta_{W_1} \geqslant 20\%$
照明系统	$15\% \leqslant \eta_{E_2} < 20\%$	$\eta_{W_2} \geqslant 20\%$
弱电系统	$15\% \leqslant \eta_{E_3} < 20\%$	$\eta_{W_3} \geqslant 20\%$
给排水系统	$20\% \leqslant \eta_{E_4} < 25\%$	$\eta_{W_4} \geqslant 25\%$
供电系统	$10\% \leqslant \eta_{E_5} < 15\%$	$\eta_{W_5} \geqslant 15\%$
防灾系统	$8\% \leqslant \eta_{E_6} < 10\%$	$\eta_{W_6} \geqslant 10\%$

表H-2　机电设施各分项权重

分项	分项权重 W_i	分项	分项权重 W_i
通风系统	16%	照明系统	17%
弱电系统	16%	给排水系统	10%
供电系统	21%	防灾系统	20%

附录J　大修工作流程

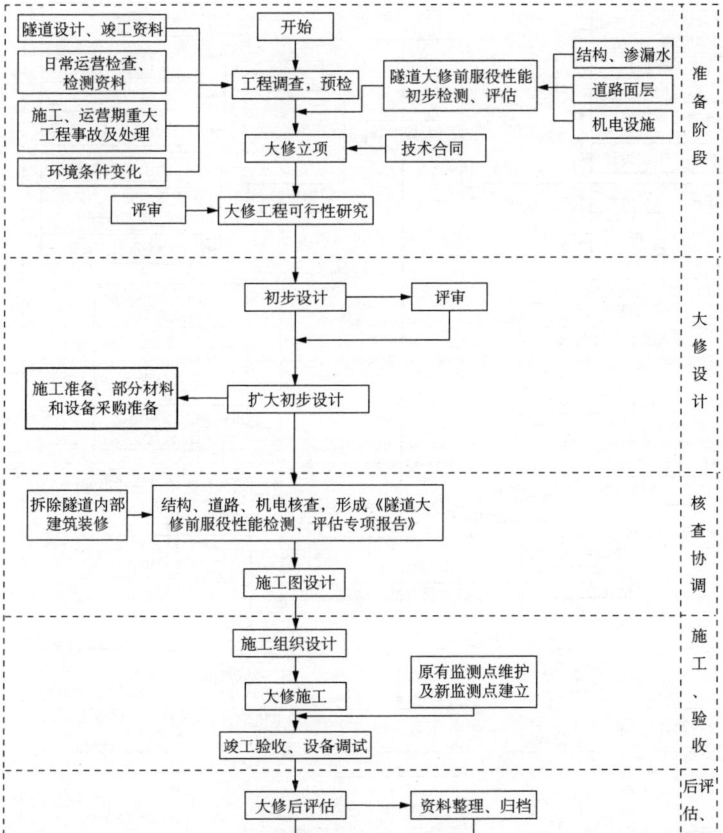

图J　大修工作流程图

注：图中核查协调应在施工之初、拆除隧道内部建筑装修后，立即由委托方、运营管理、检测、设计、施工单位联合快速进行。

附录 K 大修标准化施工流程

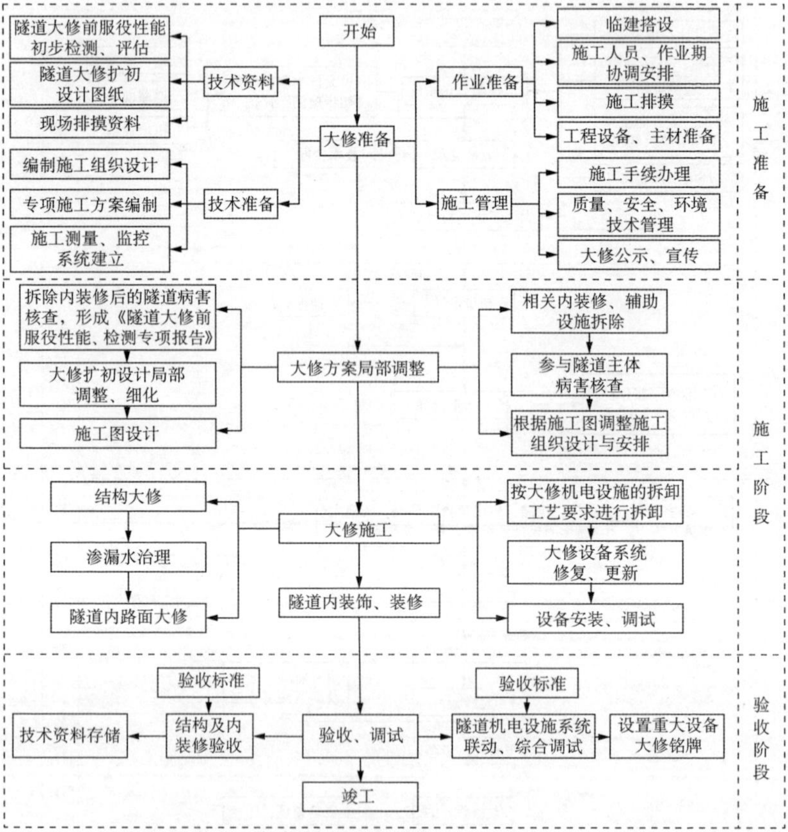

图 K 大修标准化施工流程图

本标准用词说明

1 为便于在执行本标准条文时区别对待，对要求严格程度不同的用词说明如下：

1）表示很严格，非这样做不可的用词：
正面词采用“必须”；
反面词采用“严禁”。

2）表示严格，在正常情况下均应这样做的用词：
正面词采用“应”；
反面词采用“不应”或“不得”。

3）表示允许稍有选择，在条件许可时首先应这样做的用词：
正面词采用“宜”；
反面词采用“不宜”。

4）表示有选择，在一定条件下可以这样做的用词，采用“可”。

2 条文中指明应按其他有关标准执行的写法为“应符合……的规定”或“应按……执行”。

引用标准名录

1 《建筑结构荷载规范》GB 50009
2 《混凝土结构设计规范》GB 50010
3 《建筑设计防火规范》GB 50016
4 《钢结构设计规范》GB 50017
5 《地下工程防水技术规范》GB 50108
6 《工业建筑可靠性鉴定标准》GB 50144
7 《地下防水工程质量验收规范》GB 50208
8 《通风与空调工程施工质量验收规范》GB 50243
9 《混凝土结构加固设计规范》GB 50367
10 《盾构法隧道施工及验收规范》GB 50446
11 《混凝土结构耐久性设计标准》GB/T 50476
12 《建筑结构加固工程施工质量验收规范》GB 50550
13 《工程结构加固材料安全性鉴定技术规范》GB 50728
14 《通风与空调工程施工规范》GB 50738
15 《沉管法隧道施工与质量验收规范》GB 51201
16 《公路隧道养护技术规范》JTG H12
17 《公路沥青路面设计规范》JTG D50
18 《地下工程渗漏治理技术规程》JGJ/T 212
19 《既有建筑地基基础加固技术规范》JGJ 123
20 《城镇道路沥青路面再生利用技术规程》CJJ/T 43
21 《隧道工程防水技术规程》DG/TJ 08—50
22 《城市道路养护技术规程》DG/TJ 08—92
23 《道路隧道机电设备安装工程施工质量验收规范》DG/TJ 08—112

24 《道路隧道设计标准》DG/TJ 08—2033
25 《盾构法隧道结构服役性能鉴定规范》DG/TJ 08—2123
26 《市政道路机电系统维护技术规程》DG/TJ 08—2171
27 《隧道养护技术规程》DG/TJ 08—2175
28 《公路路面养护技术规范》DB 31/T 489

上海市工程建设规范

道路隧道大修技术标准

DG/TJ 08—2366—2021
J 16079—2021

条 文 说 明

2022　上海

目　次

Contents

1 总 则

1.0.1 道路隧道是指城市道路隧道和公路隧道两类。

1.0.2 条文中的结构仅指隧道的主体结构，不包含其他工程设施。隧道盾构段主体结构中包含道路车道板结构在内；沉管段隧道中，管节底板压舱混凝土相当于道路工程的基层结构。

其他工程设施指风塔、管理中心、隧道洞口限高门架、声屏障、减光设施、电缆沟等。地面高耸的风塔结构应作为专项，依据现行国家标准《高耸结构设计标准》GB 50135 要求进行相应的检测与评估，确保结构满足承载能力和正常使用极限状态下的控制要求。运营管理中心地面建筑应按工业建筑管理办法进行管理。

3 基本规定

3.1 大修原则

3.1.1 因大部分主体结构被隧道装饰遮挡,在运营条件下无法进行较为全面的检测,故参照大修判别标准进行初步判定。

3.1.2 隧道确定大修后,应拆除隧道内装饰,对隧道进行全面的检测和评估,形成《隧道大修前服役性能检测、评估专项报告》,作为深化大修设计和施工组织设计的依据。

3.1.3 隧道设计标准是指对应隧道设计、建造年代的标准。运营若干年后,随着国家有关技术、经济政策的提升,新技术、新材料、新设备、新工艺的出现,各相关专业规范的修订,标准肯定会有变化。在大修时,隧道结构的设计标准一般无法调整。

3.1.4 机电设施大修时还应对照相应的现行设计规范,尤以其中的强制性要求,有条件时应予以考虑。如受条件限制不能满足时应作说明。

3.2 大修前应具备的基础资料

3.2.2 每一条正常运营隧道都会由管养单位根据养护技术规范或规定、标准、要求,对确定的项目按一定频率进行经常的检查(监测)和定期检查(监测)。通常检查频率不高,同一时间检查项目也不全,故在即将开展大修前,应专门委托有资质的第三方进行及时的、针对性的隧道大修前服役性能检测、评估,并提供经专家评审过的专项报告。其中有隧道结构、道路面层和机电设施三大方面。涉及面广、检测内容多，不限于但必须满足大修判别标准中相关各项评估指标的要求。它将是隧道大修设计的主要基础资料。

《隧道大修前服役性能检测、评估专项报告》应包含分区段绘制的隧道渗漏水、裂缝开展平面展开图、隧道纵断面、横断面变形图等资料及整理的图表。

4 大修判别标准

4.1 一般规定

4.1.1 运营隧道大修时机的确定，绝不能单纯依靠运营时间的长短来定，主要应根据隧道服役性能等级来判别。

针对既有运营隧道存在的结构大修目标决策困难、标准化程度低的特点，开展了广泛的调查研究。主要是针对隧道结构服役性能评价指标体系的构建和评定方法及标准。

在美国 2005 年版《公路和轨道交通隧道检测手册》(美国交通部、联邦公路管理局、联邦交通管理局发布)中，对每个结构构件按 0～9 分级，0 表示最差、9 表示最好。

国内的现行行业标准《危险房屋鉴定标准》JGJ 125 及现行国家标准《工业建筑可靠性鉴定标准》GB 50144 中将建筑结构危险性、安全性分为 A、B、C 和 D 四个等级；在现行行业标准《城市桥梁养护技术规范》CJJ 99 中将城市桥梁完好状态分为 A、B、C、D 和 E 五个等级。现行行业标准《公路隧道养护技术规范》JTG H12 中将公路隧道总体技术状况评定为 5 类：1 类为完好状态；2 类为轻微破损；3 类为中等破损；4 类为严重破损；5 类为危险状态。现行上海市工程建设规范《盾构法隧道结构服役性能鉴定规范》DG/TJ 08—2123 中将隧道结构服役状态等级分为 5 级：Ⅰ级为正常，性能完好；Ⅱ级为退化，性能退化；Ⅲ级为劣化，性能劣化；Ⅳ级为恶化，性能恶化；Ⅴ级为危险，性能严重恶化。现行行业标准《铁路桥隧建筑物劣化评定标准—隧道》TB/T 2820.2 中将隧道劣化等级划分为 5 级：AA 为极严重、A1 为严重、B 为较重、C 为中等、D 为轻微。现行北京市地方标准《城市轨道交通设施养护维修技术规范》DB11/T 718 中将隧道状态评定为 5 级:一级为轻微病害;二级为中等病害;三级为较重病害;四级为严重病害;五级为极严重病害。现行上海申通地铁集团有限公司企业标准《车站和隧道结构设施维护规程》Q/SD-WBZ-FB-SS-GW 3001 中将隧道病害等级分为 5 级:AA 级、A 级、BB 级、B 级和 C 级。

研究参考国内外规范及规定后,为与国内相关规范协调,在参考现行上海市工程建设规范《盾构法隧道结构服役性能鉴定规范》DG/TJ 08—2123 及现行行业标准《公路隧道养护技术规程》JTG H12 基础上,将隧道结构服役状态等级分为五级,第Ⅳ级即为影响隧道功能性的“恶化”级,应安排项修或准备大修,第Ⅴ级即为影响隧道安全性的“危险”级,应及时安排大修。

对处于危险级的隧道要求关闭隧道交通进行大修,若为条件所限,对双管盾构法隧道或多孔沉管隧道只能部分封闭进行大修,其余仍正常运营时,应对相应的交通组织、施工组织作统筹考虑,确保安全。

4.1.2 大修是指设施存在严重破损并有发展,使用功能存在重大缺陷,接近或处于“危险”状态,影响隧道运营安全,应封闭隧道交通,采用紧急措施进行病害处置。项修是针对处于恶化状态中结构、道路、机电设施几个分项进行集中性、系统性维修,使其满足原有技术标准。

4.2 结构大修判别标准

4.2.1 深入开展《隧道大修前服役性能检测、评估专项报告》工作时,需要拆除或移除隧道防火板等遮挡结构表面的装修层,封闭隧道交通。因此在进行此项工作前,必须对隧道结构服役状态是否达到恶化或危险等级,做出初步判断,便于大修决策。初步判断基于日常检查、定期检测可追踪的数据信息及隧道主体的结构及渗漏水初步检测。

1 隧道关键部位,盾构法隧道中指工作井、横向人行通道及其邻近区间隧道、下滑楼梯等。沉管法隧道中指管节接头部位(含最终接头)及两侧、管节与明挖现浇段连接处、节段间变形缝等。因明挖段变形缝间距多为 20 m~30 m,但也有超过 60 m 的案例;沉管段施工缝间距多在 20 m 左右,区段划分应视具体情况,不宜太长,建议取为 20 m~60 m,尽量避免按区段进行性能评定时出现“以偏概全”的情况,有利于对隧道整体服役状态的客观评价及大修设计、费用计算。

3 由于混凝土结构热胀冷缩的特性,往往冬季结构混凝土的开裂和接头张开大,尤以沉管段管节接头反应更为明显,若管节接头为不均匀张开时,则可能在一个接头内分别产生最大的张开与压缩,所以宜安排在冬季进行检测,分析评估时需根据隧道日常检测资料针对结构构件及连接服役状态中最不利的指标进行。

4.2.2 表 4.2.2 中盾构法结构构件及连接的服役状态等级划分、不良区段服役状态等级划分参照了现行上海市工程建设规范《盾构法隧道结构服役性能鉴定规范》DG/TJ 08—2123 相应等级。该规范中规定,若隧道中含有服役状态为“Ⅴ”级(即危险级)结构区段,隧道整体应评定为“Ⅴ”级。但考虑到隧道大修判别不同于突发性工程事故处理,它有一定的发展、变化过程,是多指标、全方位的综合考量。所以本标准编写时,在征求了业内人士及专家意见后,提出了一个阈值范围。

4.2.3 沉管法隧道中沉管段结构由管节结构与管节接头两部分构成。管节接头的安全可靠,对保证沉管法隧道的安全运营至关重要。如有一个管节接头服役状态进入 J_W级,即“危险”级,将会危及整条隧道的安全,且接头部分构造复杂,服役性状变化多,检测、维修不易,所以在表 4.2.3 整体服役状态一栏内,将其单列,作为判别标准之一。节段间的变形缝亦可纳入区段内考虑。

明挖段中变形缝结构纳入区段中结构服役状态判别中统一考虑，不单列。节段之间的变形缝纳入区段内考虑。

4.2.5 在现行上海市工程建设规范《盾构法隧道结构服役性能鉴定规范》DG/TJ 08—2123 中，对结构区段服役状态Ⅳ、Ⅴ等级评定时（第 5.4 节），均按结构构件及连接服役状态等级、结构区段相对变形和防水性能等级的子项指标“一项”进行判别，本标准编制过程中，经与专家协商讨论，提出了结构不良服役区段的判别要求。

4.2.6

1 表 1 中环境作用等级符合现行国家标准《混凝土结构耐久性设计标准》GB/T 50476 的要求，它反映环境对钢筋混凝土结构的作用程度，分为 A（轻微）、B（轻度）、C（中度）、D（严重）、E（非常严重）、F（极端严重）等多个级别。在不同环境类别下的环境作用等级有相对应的不同环境条件。在一般环境类别（Ⅰ类）中，环境作用等级 A 指室内干燥环境（年平均湿度低于 60%）；环境作用等级 B 指室内潮湿环境（年平均湿度高于 60%）或长期潮湿环境；环境作用等级 C 指干湿交替环境，但在冻融环境类别（Ⅱ类）中环境作用等级 C 指的是微冻地区的无盐环境下混凝土高度饱水，严寒和寒冷地区的无盐环境下混凝土中度饱水。可见不同环境类别下即使是相同环境作用等级亦有各自的环境条件。

氯化物环境类别（Ⅲ类）中，环境作用等级 D 指大气区（轻度盐雾）：距平均水位 15 m 高度以上的海上大气区；涨潮岸线以外 100 m～300 m 内的陆上室外环境。

氯化物环境类别（Ⅳ类）中，环境作用等级 D 指氯化物环境中受除冰盐水溶液轻度溅射作用，或接触较高浓度氯离子水体或土体（前者指 500 mg/L～5 000 mg/L，后者指 750 mg/L～7 500 mg/L），且有干湿交替的环境。

同样，化学腐蚀环境类别（Ⅴ类）中的环境作用等级 D、环境作用等级E分别包括：水、土中硫酸盐和酸类物质；干旱、高寒地区硫酸盐、大气污染等环境作用等级。环境类别、环境作用等级详见表1。

表1　环境类别、环境作用等级

环境类别 环境作用等级	Ⅰ(一般环境)	Ⅱ(冻融环境)	Ⅲ(海洋氯化物环境)	Ⅳ(除冰盐等其他氯化物环境)	Ⅴ(化学腐蚀环境)
A	干燥				
B	潮湿、长期湿润				
C	干湿交替	微冻地区、无盐、混凝土高饱水；严寒和寒冷地区、无盐、混凝土中度饱水			
D			大气区(轻度盐雾)：距平均水位15 m高度以上的海上大气区；涨潮岸线以外100 m～300 m内的陆上室外环境	受除冰盐水溶液轻度溅射作用；接触较高浓度氯离子水体或土体，且有干湿交替的环境	水、土中硫酸盐和酸类物质
E					干旱或高寒地区硫酸盐、大气污染等环境作用等级

上海地区道路隧道通常处于一般环境类别Ⅰ类下的环境作用等级为B级的潮湿环境中，少数会处于C级的干湿交替环境中，在特殊情况下也可能涉及D级、E级。

表4.2.6-1中混凝土剥落深度“S＞钢筋保护层、钢筋裸露”，一般指钢筋裸露长度大于5 cm的情况。不包括点状的剥落、裸露，及因施工原因产生的露筋状况。

4.2.7

1 在盾构段隧道中，衬砌结构之间环、纵缝众多，明挖段中变形缝也不少，故其结构连接服役状态判别均纳入区段服役状态等级评定中。

2 表4.2.6-2结构连接服役状态等级判别指标中，考虑到盾构段、沉管段、明挖矩形段隧道结构构造的不一样，评定指标上也有差异(见表4.2.6-2及本标准附录D)。

盾构段隧道是由预制装配式管片拼装而成的圆形结构，每环由8块～10块管片构成，环宽1.5 m～2.0 m。环与环、块与块间均以螺栓连接，它的横向变形形态可按直径变化来表征，纵向变形可近似以圆曲线表示。

沉管段隧道，管节多为整体预制的钢筋混凝土矩形结构，每节长度为100 m～180 m，管节间设柔性接头。因单节管节较长、刚度大，隧道纵断面的相对变形呈折线状，故需要控制的是管节接头处的最大压缩量(对应于最小张开量)、最小压缩量、最大错台量(详见本标准附录C)。

明挖矩形隧道段为整体现浇结构，横向刚度较大，横断面相对变形以控制断面形状变化为准。纵断面上因其变形缝间距为20 m～60 m，仍应以控制变形缝处的最大张开和错位为主。

4.3 道路面层大修判别标准

盾构法隧道、明挖法隧道中隧道内道路多直接施作在钢筋混凝土结构上，所以检测评估均针对道路面层进行。若为沉管法隧道，道路面层下为压舱用的素混凝土，则须考虑其对道路路面强度、稳定性、抗变形能力和耐久性的影响，其 R_E 及 R_W 服役状态等级中强度系数判别标准参照现行上海市工程建设规范《隧道养护技术规程》DG/TJ 08—2175，分别为≥0.4、<0.6 以及<0.4。

4.3.1

1 区段划分长度参考现行上海市工程建设规范《城市道路养护技术规程》DG/TJ 08—92，在同一道路上应以 200 m～500 m 为一个检查单元。为提高检测的精度，并易与结构检测单元长度相匹配，宜取小值即 200 m 为一检测区段长度。

4.3.2

1 目前现行上海市工程建设规范《公路技术状况评定规程》DG/TJ 08—2095、《城市道路养护技术规程》DG/TJ 08—92、《隧道养护技术规程》DG/TJ 08—2175、现行地方标准《公路路面养护技术规范》DB 31/T 489 对道路技术状况评价，除《城市道路养护技术规程》DG/TJ 08—92 采用四级标准外，其他均采用五级评价等级（《隧道养护技术规程》DG/TJ 08—2175 虽分为四级，但其中附录 C 第 C.0.5 条也给出了分为五级的路面综合评价标准），基于此，本标准中采用五级评价等级，将上述规程、规范中第四、第五级即“合格”“不合格”或“次”“差”作为本标准中相应的“恶化”“危险”等级。

4.3.4 隧道沥青路面服役性能等级评价标准的确定，参照了现行上海市工程建设规范《隧道养护技术规程》DG/TJ 08—2175 和《城市道路养护技术规程》DG/TJ 08—92 等相关规程、规范的内容，表 2 中，因大修设计标准中，仅针对服役性能“恶化”“危险”两个等级，故取现行市工程建设规范《隧道养护技术规程》DG/TJ 08—2175 中 *IQI*、*BPN*、*PCI* 相应的“合格”“不合格”作为评价标准，而 *RQI*、*SFC* 则参考现行上海市工程建设规范《城市道路养护技术规程》DG/TJ 08—92 中 D 级和外延了一个级差后的值分别作为“危险”和“恶化”等级。沥青路面评价标准的比较及选用见表 2。

表 2　沥青路面评价标准的比较及选用表

评价 引用规范	评价	路面状况指标 *RQI*	行驶质量指标平整度 *IRI*	摆值 *BPN*	损坏状况评价标准 *PCI*	强度系数	横向力系数 *SFC*	*MQI* 及各级分项指标	*PQI* 及 *PCI*、*RQI*、*RDI*、*SRI*、*PSSI*
现行上海市工程建设规范《公路技术状况评定规程》DG/TJ 08—2095	优							≥90	
	良							≥80,<90	
	中							≥70,<80	
	次							≥60,<70	
	差							<60	
现行上海市工程建设规范《城市道路养护技术规程》DG/TJ 08—92	A	≥4.1	≤2.6	≥40	≥90		≥0.4		≥90
	B	≥3.6,<4.1	>2.6,≤4.1	≥35,<40	≥75,<90		≥0.35,<0.4		≥75,<90
	C	≥2.5,<3.6	>4.1,≤7.3	≥32,<35	≥65,<75		≥0.32,<0.35		≥65,<75
	D	<2.5	>7.3	<32	<65		<0.32		<65
现行上海市工程建设规范《隧道养护技术规程》DG/TJ 08—2175 综合评价标准	优		≤5	≥42	≥90	≥1.0			
	良		≤7	≥37,<42	≥85,<90	≥0.8,<1.0			
	中		≤9	≥32,<37	≥70,<85	≥0.6,<0.8			
	合格		≤11	≥27,<32	≥60,<70	≥0.4,<0.6			
	不合格		≤13	<27	<60	<0.4			

续表 2

评价 / 引用规范	评价	路面状况指标 *RQI*	行驶质量指标平整度 *IRI*		摆值 *BPN*		损坏状况评价标准 *PCI*		强度系数	横向力系数 *SFC*		*MQI* 及各级分项指标	*PQI* 及 *PCI*、*RQI*、*RDI*、*SRI*、*PSSI*	
现行上海市地方标准《公路路面养护技术规范》DB31/T489 路面使用性能各项指标的评价等级	优												≥90	
	良												≥80,<90	
	中												≥70,<80	
	合格												≥60,<70	
	不合格												<60	
现行行业标准《城镇道路养护技术规范》CJJ36	A	[4.10, 4.98]	[0, 2]		≥42		[90, 100]			≥42				
	B	[3.6, 4.10]	[2.60, 4.1]		37≤*BPN*<42		[75, 90]			37≤*SFC*<42				
	C	[2.5, 3.6]	[4.10, 7.30]		34≤*BPN*<37		[65, 75]			34≤*SFC*<37				
	D	[0, 2.6]	[7.30, 20.0]		<34		[60, 70]			<34				
综合分析后拟取大修判别标准	R_E	R_W	R_E	R_W	R_E	R_W	R_E	R_W		R_E	R_W		R_E	R_W
	<2.5, ≥2.0	<2.0	>7.3, ≤11	>11	≥27, <32	<27	≥60, <65	<60		≥0.32, <0.34	<0.32		≥60, <65	<60

表 2 中备注栏内的计算公式分别参照了现行上海市地方标准《公路路面养护技术规范》DB 31/T 489 和现行行业标准《城镇道路养护技术规范》CJJ 36，*PCI*、*PQI* 计算公式中相关系数均按一级公路标准取用（现行上海市工程建设规范《公路技术状况评定规程》DG/TJ 08—2095 中提及养护规定值取值时，设计速度为 80 km/h 的高速公路或城市快速路均按一级公路规定）。

4.4 机电设施大修判别标准

4.4.1 机电设施大修判别标准是参照现行行业标准《公路隧道养护技术规范》JTG H12 中第 5 章机电设施中相关内容制订的，总体服役状态以分项故障率控制为主，机电设施技术状况总评分为辅。但对于设施、设备、装置已超过其服役寿命的，即便故障率不大，也建议根据使用情况，在大修时酌情一并更新。

因大修判别是在隧道日常检查、定期检查、检测资料及年度评估报告基础上，再依据《隧道大修前服役性能检测、评估专项报告》中机电设施服役状态作出的，考虑到对检测结果直接按故障率统计更为直观（且对一次性检测而言，完好率＝1－故障率），所以取用了故障率，故障率的计算方法见本标准附录 G。机电设施各分项的故障率控制标准见本标准附录 H。

在现行行业标准《公路隧道养护技术规范》JTG H12 中，表 5.9.4机电设施分项技术状况评定表仅列出了 0、1、2、3 状况值，且缺少给排水设施，故根据已有工程检测情况并结合专家评定后，作了统一调整。

4.4.2 《隧道大修前服役性能检测、评估专项报告》中，不限于但必须包括本标准附录 F 和附录 G 中所要求的内容。

5 大修工作流程、设计文件编制

5.1 大修工作流程

5.1.2 隧道大修工程设计不同于新建工程设计，在隧道尚处于运营状态及内装修的掩护下，有很多隐患难以直接定性、定量判断，对病害程度、范围与发生源头等的把握依据不足。在以往大修工程中，病患点南其辕北其辙、病害程度由小变大等不利情况时有发生，往往给施工图设计、施工工作量、施工工期安排、材料采购、投资预算造成很大麻烦。因此，必要时要求在扩大初步设计中，先对不同病害类型的大修设计、施工方案做深、做透，接近施工图设计深度。而一旦封闭隧道交通进行隧道大修，应立即拆除大修段内装修，再由委托方、运营管理方、检测方、设计方、施工方联合进行结构本体病害状况快速核查，据此以修正扩大初步设计，快速形成施工图。

6　结构大修设计和施工

6.1　一般规定

6.1.1　隧道建筑限界是由行车道上净高线和两侧净宽边线组成的空间界线，建筑限界内任何物体都不得侵入。如遇特殊困难情况，隧道净空线与建筑限界线之间的富裕空间尚不能满足大修设计方案的要求，以致大修设计方案与建筑限界发生冲突时，必须经专门的论证、评审。

6.2　结构病害类型及大修设计方案

6.2.2　大修设计不同于新建工程的设计，它无法自成体系，而必须根据《隧道大修前服役性能检测、评估专项报告》来做针对性的处理。针对性主要包括三方面：因病制宜、实施可行性和修之有效。所以方案的优选就更为重要。

表 6.2.2 中隧道沉管段 OMEGA 止水带的更换时间，宜避开冬季，因冬季气温低，管节接头部位会产生较大的张开，接缝可能会产生局部渗水，甚至使 GINA 止水带与 OMEGA 止水带空腔内存在有压水（上海外环隧道管节接头处就出现过类似病害），施工风险大。

6.2.3　当发现隧道局部区段产生了较大的纵向不均匀沉降时，往往会考虑采用隧道内、隧道外注浆，此时隧道内打设注浆孔的防喷、体外注浆的作用点、注浆量的合理控制等施工风险客观存在；而对结构严重破坏区段采用钢内衬套予以补强时，对内衬套结构、与结构的连接等都必须结合实际情况，对设计、施工不同工况进行计算、预测、评估，必要时尚需经专家评审，以确保施工过程安全和对结构及周边环境不产生不利影响。

6.3 设计、施工要点

6.3.1

1 为控制隧道纵向不均匀沉降、横向变形进一步发展，通过注浆泵将浆液注入地层，在土体中形成脉状注浆体于隧道周边，凝结后有助于改善土体的力学性能，起到控制隧道沉降及变形的作用。

壁后注浆是通过衬砌结构内预留压浆孔向衬砌壁后注浆。体内注浆是指因需要在隧道结构上定点、定向打孔，从隧道内向外注浆的工法。体外注浆则是从地面上向隧道两侧或单侧进行注浆。

南京地铁 10 号线某盾构段区间从 2015 年 12 月—2016 年 8 月发现部分位置(长度约 165 m)沉降速率较快，最大沉降区处沉降达到 14 cm，为控制隧道进一步下沉，利用原有管片内注浆孔对隧道下部地层采用微扰动注浆，浆液采用水泥-水玻璃双液浆，注浆工艺以“少扰动、注得进、均匀、少量、多点、多次”为原则，注浆完成后隧道沉降趋于稳定，且略有抬升。

2013 年 10 月，上海地铁 10 号线某区间因周边建筑施工活动及列车长期运行造成隧道管片变形较大，主要表现为隧道横向直径增大。隧道所处地层为软弱的淤泥质粉质黏土、淤泥质黏土，为控制隧道变形进一步发展，对隧道周边地层进行注浆加固处理，以提高地层抗变形能力。体外注浆如图 1 所示，经加固，隧道管片变形得到了控制。

6.3.2

1 不论何种原因导致的管节沉降和纵向不均匀沉降都会加

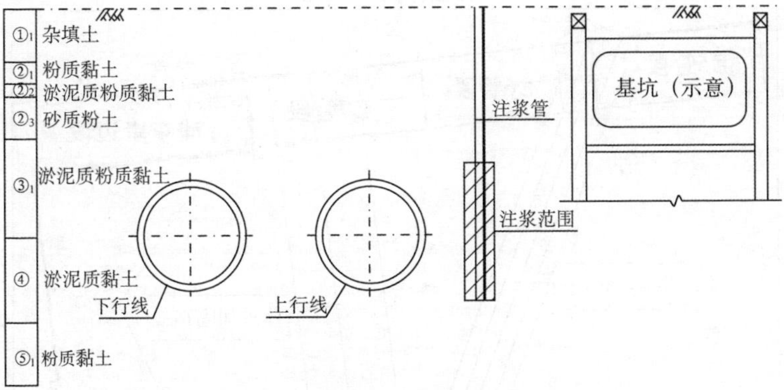

图 1　体外注浆图

剧管节接头变位和结构裂缝开展。根据沉管段沉降监测资料，针对管节总体沉降或差异沉降较大区域，在管节底部可采用注浆方式，以减少、稳定管节沉降及纵向不均匀沉降，缓解结构不利受力状态和接头不利工作状况。

根据运营期管节沉降监测资料，外环隧道 E7 管节曾因 A 坞的大规模回填和场地附加荷载的增加发生较大沉降；E5/E6 管节最终接头位置因底部清淤及基础处理等原因，沉降一直不稳定。2005—2007 年期间，先后对 E5/E6 管节接头、E7 管节进行体外定向钻注浆处理(图 2)，总体上缓解了上述位置管节沉降速率、沉降量，取得了一定的效果。

6.3.3

1　2005 年 8 月，上海地铁 1 号线某区间上行线泵房处产生较大沉降，为控制隧道进一步下沉，对泵房处上方土体进行卸载处理，由于所处地面为绿化带，因此采用重度较小的 EPS 板材进行回填并恢复地面绿化。卸载换填后，隧道轴线上抬后趋于稳定。

6.3.4

1　2010 年 6 月，上海地铁 2 号线东延伸某区间，因上部弃土

图 2　外环隧道 E5、E6、E7 管节体外注浆加固布线方案

堆载引起管片产生较大变形，部分管片出现较多裂缝，为保证该区间隧道的结构安全，首先对上部弃土进行清除，然后待隧道稳定后，在不侵占隧道建筑限界的前提条件下，对受损管片增加钢内衬进行加固处理。以满足结构使用寿命期内的功能和耐久性要求，如图 3 所示。

6.3.5

1　外环隧道运营阶段曾因 GINA 止水带材料性能、管节差异沉降、管节接头转角变化、温度变化等影响，实测管节顶部接头间 GINA 止水带压缩量接近允许最大压缩量，为此在管节顶部接

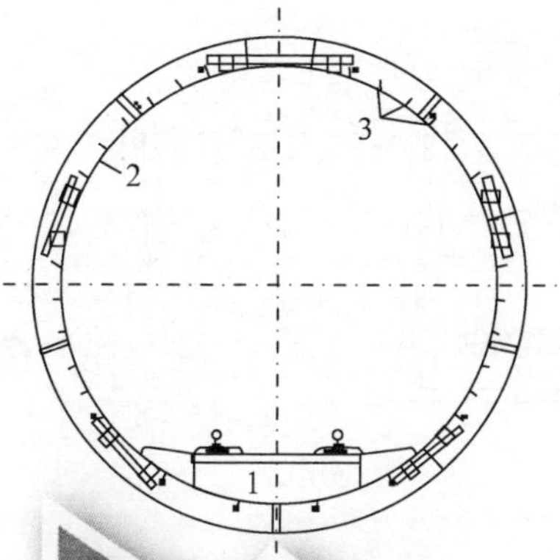

1—道床；2—钢内衬；3—锚栓

图 3　钢内衬加固结构图

头间增设钢支撑。以利于控制接头顶部的进一步压缩及底部张开，避免因底部接头过大张开可能引起的渗水。

2　根据运营期管节接头三向位移计实测资料，上海外环隧道个别管节接头存在 GINA 止水带材料力学性能异常，GINA 止水带压缩量过大，接近设计方允许的最大压缩量警戒值，达到运营阶段允许的最大压缩量上限。经分析计算后，在上述管节接头内侧沿顶板设置了钢支撑限位装置。每根钢支撑由三部分构成，中间块（钢支撑分块 2）呈楔形，可适应冬季接头的少量张开，限位钢支撑构造图见图 4。

5　设计阶段管节接头宜先行设计钢支撑的预埋钢板作为预留措施。

6.3.7　在既有运营隧道中，发生过因不均匀沉降造成的管节接头间较大的不均匀张、合变形，其时受压端外侧 GINA 止水带超标压缩后，致其压板发生错位、跌落，并顶破 OMEGA 止水带；也有险情出现在 OMEGA 止水带上开的窥测孔。在查明破损原因并采取补救措施后，对有严重变形、破洞的部分的 OMEGA 止水带

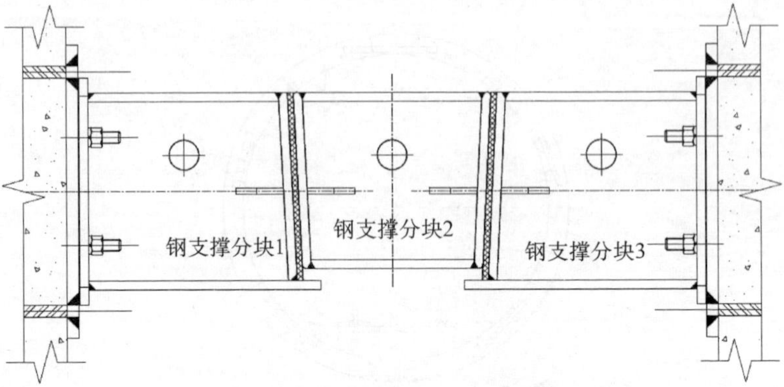

图 4　限位钢支撑构造图

均需尽快更换。

上海外环隧道曾于 2009 年 10 月、2018 年 10 月两次短时中断隧道内中孔、北孔交通，更换了 E3、E4 接头顶部已有破损的部分 OMEGA 橡胶止水带。更换过程中，曾临时拆除了接头部位有碍施工的钢拉索部件，但止水带更换后立即复位。

6.3.8　粘贴纤维复合材料加固的方法，在上海工程实践中早有运用，如上海外环隧道 E2 管节出现过较为严重的裂缝（部分宽达 0.2 mm～0.5 mm），并有间隙性的渗漏水，导致钢筋锈蚀、影响结构耐久性，在多次裂缝灌浆封闭效果欠佳的情况下，曾对其中长约 30 m 的区段采取过水泥结晶型材料封闭裂缝、环氧树脂灌浆及碳纤维复合材料综合加固的方案。同样，这一加固方案在日本隧道中也早有应用，如 JR 武藏野铁道线新小平站对 0.3 mm～0.5 mm 裂缝的加固修复工程，在加固施工 4 年后均未见渗水现象。

6.3.9　采用增大截面法加固是现浇混凝土结构中常用的一种加固方法，其耐久性、防火性能较好，与既有结构共同受力的整体性也好。当用于增大构件底部截面、混凝土密实度难以保证时，一般可采用自密实混凝土、细石混凝土等浇筑。需要注意的是对于面积较大的板、墙构件，后浇混凝土的干缩受既有结构的限制，容易出现裂缝，因此在钢筋配置时需要考虑此因素。

6.3.10 上海轨道交通某号线某区间明挖引道段从 2005 年建成运营至 2009 年 4 月间，累计最大沉降已接近 160 mm，经资料调研、反复调查和分析讨论，知由于基底深部存在软弱下卧层④层土（图 5），且引道段垫层下地基土流失，从而存在空隙导致结构沉降。2009 年 5 月至 9 月期间采用了体内注浆方式对底板下土体进行双液浆注浆加固，不均匀沉降和箱体开裂情况没有得到缓解，并且沉降变形持续增大。因此，除进一步采用体内注浆填充结构下部土层空隙外，还采用了静压锚杆桩进行了基础加固，运营至今沉降基本稳定。

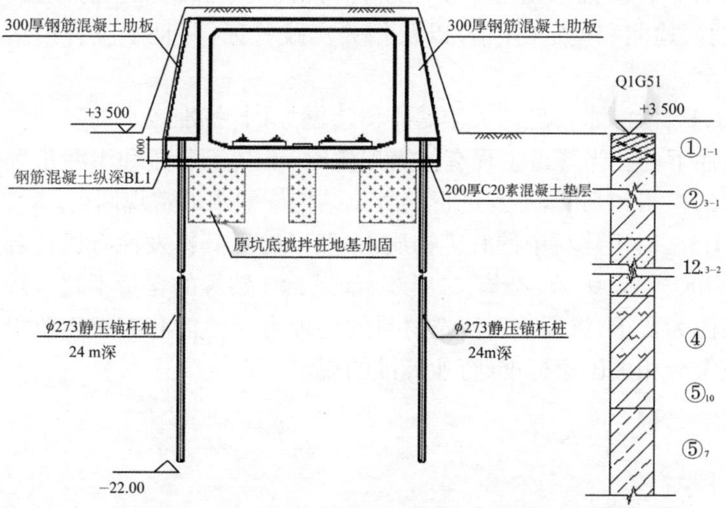

图 5　上海轨道交通某号线某区间明挖引道段地层横断面示意图

7 渗漏水治理

7.1 一般规定

7.1.2 结构安全隐患对渗漏水治理影响较大，必须在确保结构安全的条件下进行施工。渗漏水治理前，必须首先排除结构的安全隐患，若必要，则应对结构进行加固和补强。

7.1.3 在渗漏水治理中使用新材料、新技术和新工艺前，应经过试验、检测和鉴定（评估）以及相关实践验证，并且不应有损结构安全。

7.1.4 渗漏水治理的关键是查清渗漏原因，找准渗水的确切位置对症下药。当隧道工程有结露现象时，不利于湿渍和渗漏量等指标的检测和判断，不宜进行混凝土结构渗漏水的常规调查。

7.1.5 对于建材中的有害物质，一般以检测其挥发性有机化合物（VOC）、苯、甲苯、乙苯、二甲苯、苯醛、蒽、萘等的含量不超过规定限值为要求，渗漏治理所选材料的物理力学性能和有害物质限量应符合相关国家标准、行业标准的规定。

8 道路面层大修设计和施工

8.1 一般规定

8.1.1 上海市内除打浦路隧道原设计外，已建隧道均采用沥青路面，因考虑驾驶舒适度等因素，隧道宜采用沥青路面。

9 机电设施大修设计和施工

9.1 一般规定

9.1.1 机电设施是隧道工程安全运营和事故工况下防灾、救灾的主要保证措施之一。对存在严重病害、影响其服役功能的，势必要及时进行大修。但由于隧道大修是在狭长的地下空间、极其有限的时间内进行。因此，在强调大修后系统的功能要达到原有设计标准或满足现行设计标准的前提下，大修设计方案（系统、设备）一定要和隧道的客观条件（结构不作变动）、满足建筑限界要求相适应。同时，还应考虑原有设施拆除、新设施重新快速安装的可行性、合理性，以及大修后机电设施统一管理的有效性。

10 大修施工技术管理

10.1 施工准备期的组织管理和技术管理

10.1.2 隧道大修工程施工不同于新建隧道工程施工，在结构有限空间内，施工环境差、作业内容多。既有多元综合，又有不连续的重复作业，故必须针对这些特点、关键点，抓好技术管理的要点，才可能有效保证工程质量，有效控制管理成本及工程进度，才能顺利实现预期目标。

10.2 施工筹划与管理

10.2.2 既有运维隧道大修工程施工工期紧迫，为保证工期，需要事先根据大修工作内容，充分、有效利用可以利用的空间，优化设计多作业面、立体交叉施工，制订包含大修点里程、作业内容、平面位置及时间节点在内的四维计划进度表，以实现不同作业面、不同工种在不同日期的精细化施工组织。

10.2.4 对隧道病害较为严重区段，大修中如采取增加钢内衬、体外注浆、体内注浆、调换接头止水带等风险较大的重大举措时，必须编制专项的施工方案，必要时进行专项评审，制订合适的施工工艺及可靠的安全防范措施，加强过程管理，以保证大修的顺利实施。

10.3 大修施工过程技术管理要点

10.3.3 进行隧道结构大修时，针对不同的具体实施方案，应先进行风险评估。如堵漏钻孔风险、体外注浆对隧道变形的预后效果、隧道内注浆打孔的防喷等，都存在一定安全隐患。“凡事预则立，不预则废”，事前制订针对性的施工监控方案及应急处置预案是施工管理中的重要一环。

11　隧道大修后评估

11.1　一般规定

11.1.2　由于隧道大修后处于正常运营阶段，为减少对隧道正常运营的干扰，后评估应以自动化检测为主，自动化检测方法主要有：结构裂缝及渗漏检测的点云、高清摄像，注浆探测的探地雷达、对隧道三维激光扫描以及检测道路平整度的车载式激光平整度仪等。

11.5　机电设施大修后评估

11.5.2　隧道工程大修设计时，往往都已考虑了工程条件、设计标准的变化，所以在大修后评估中必须以变化后的工程条件、设计标准为依据。这些变化可能包含：隧道内设计速度调整，隧道新增加匝道，通行车辆种类与有害气体排放量标准变更，环境保护要求的提高，结构荷载的改变，随原有相关设计规范修订而产生的设计标准变化等。

附录A　隧道结构服役性能检测主要内容

附录A中隧道结构服役性能主要检测内容是根据隧道结构构造特性，以结构服役状态等级评定中所要求的定性、定量指标为主，并参照现行行业标准《公路隧道养护技术规范》JTG H12中土建结构技术状况评定标准制定。检测时表内项目都是必须的项目，但不限于此。且同时要求对隧道使用环境条件作相应调查，以便结构构件及承载能力验算时作用效应的针对性取值及隧道病害原因的正确分析及处置。

附录C　结构连接允许变形量参考值

结构连接允许变形量的大小，取决于接缝处结构设计、防水设计。即在保证结构安全的前提下，还要能满足接缝防水的要求。

盾构段环、纵缝防水弹性密封垫设计标准以在2倍～3倍水压下、弹性密封垫自身张开量达6 mm～8 mm情况下不渗漏为原则，故以此推算，结构面张开量(不包括嵌缝槽、局部结构退缩的宽度在内)为12 mm～16 mm，故取环、纵缝张开量δ_L以4 mm～8 mm为参考量，按表4.2.6-2中恶化等级以大于或等于2倍量为准较为合适。盾构段衬砌环面上多不设榫槽，在保证纵向螺栓不挠曲、螺栓洞口混凝土不压碎情况下，能产生的最大错台量为螺栓与螺栓孔之间的空隙，一般为6 mm～10 mm，但在实际工程中，常可见到环缝、错台量远大于此，可达10 mm～30 mm；如环面有榫槽，可产生的最大错台量为榫、槽的余宽约10 mm(若考虑接缝张开情况下，会有一定的增大)，故环缝、纵缝的错台量参考值取为5 mm～12 mm。

沉管段因单节管节长，管节间要求适应的热胀冷缩变化量大(100 m～180 m长管节，按20 ℃温差考虑，在自由胀缩情况下，长度变化可达20 mm～30 mm)，接头内设有GINA橡胶止水带作为第一条防水线。设计中既要控制GINA的最大压缩量$[\delta_L]_{max}$又要控制其最小压缩量$[\delta_L]_{min}$，参考值的选用应根据GINA性能及设计要求，同时还要控制管节间的错台。

明挖矩形段变形缝内设有中埋式钢边橡胶止水带止水，接缝张开、错台量的参考值应根据接头抗剪构造、混凝土榫槽、钢剪切棒及橡胶止水带的性能适当选用。

附录E　路面破损类型、定义及分级指标

表E中损坏类型大类与现行上海市地方标准《公路路面养护技术规范》DB31/T 489一致，但根据隧道的结构构造特点做了相应的精简，如龟裂、块状裂缝、翻浆均是沥青路面结构中其稳定基层产生疲劳破坏所引起的结构性破坏的现象，而隧道内的沥青铺装层下一般均为结构底板，故不考虑这些工况。

附录 H　机电设施故障率控制标准及分项权重

1　表 H-1 机电设施各分项故障率控制标准参考了现行行业标准《公路隧道养护技术规范》JTG H12 中表 5.9.4 机电设施分项技术状况评定表，但因其评定值仅分为 0、1、2、3 四级，所以再根据已有工程检测情况并结合专家评定后分别提出了 S_E、S_W级的评定值。表中 $\eta_{E1} \sim \eta_{E6}$，$\eta_{W1} \sim \eta_{W6}$ 数值是通过大量隧道机电设施服役性状调研、专家评定、行业意见征求取得的。

2　分项权重的拟定是考虑了各机电设施对保证隧道正常安全运营工况下、事故工况下防灾救援的重要性，并在征求行业意见后确定。表中通风、弱电、照明、给排水设施中有关防灾所需设施均已纳入在防灾系统中，表中所指仅针对正常运营情况，但因增加了给排水设施，所以在参考现行行业标准《公路隧道养护技术规范》JTG H12 中表 5.9.5-2 的基础上作了相应调整。